洋菓子の新焼成法

〜スチコンが引き立てる、パティシエの感性〜

菓子工房アントレ **髙木康裕**

JN242105

旭屋出版

はじめに

髙木康裕の菓子作り

51歳の私が考える菓子作りの思想は、感性、情熱、学び、楽しみ。
何気なく毎日父がミキサーでジェノワーズを作っていた子供の頃なんか、
気にもしていないくらい、菓子作りには魅力ゼロ。
そんな私が、日々楽しそうに作り続けている父を意識して見るようになって、
だんだんと作る楽しみみたいなものを、その姿から学んだ気がする。
いつの日か、これ仕事にしてみていいかも、なんて。
こんな仕事を今まで続けてこられた奇跡。もちろん、これからもね。
そりゃ、楽しくなければ、続かないでしょ！
こんな私、生まれた時からお菓子の甘～い香りをくんくんしながら
育ってきた人生。楽しまなきゃ損。

お菓子を作る楽しみって

自分が厳選した卵と砂糖を使ってミキサーで攪拌して、
液体だったものがだんだんとふわふわな泡に変化してきて。
なんだこれは！なんでこんな液体がもこもこになるんだ！
こんな不思議をたくさん、瞬間、瞬間で感じさせてくれる。
毎日、毎日、朝から夜まで、そんな変化のシャワーを浴びさせられたら、
もう楽しくて、楽しくて。
でも、知らないことは失敗して、めちゃくちゃ悔しくて。
いろいろ調べたり、仲間に聞いたり、また、チャレンジして。
何回も何回も、がむしゃらに。
ただ、また、あの上手く出来上がった喜びを味わいたくて。
ほんと、菓子作りがだいすきなんだなって、まだまだ想ってます。

そんな私の菓子作りに、新たな感性・情熱・学び・楽しみを
与えてくれたのがスチコンとの出会いでした。
この本を通じて、スチコンの可能性を感じ、お菓子作りの楽しさが
さらに広がるきっかけになればこの上ない喜びです。

洋菓子の新焼成法
～スチコンが引き立てる、パティシエの感性～
CONTENTS

CHAPTER 4
スチコン焼成の考え方 089
SECTION 1
スチコン活用のお菓子 089

本書を読む前に

本書は、スチームコンベクションオーブン(以下、スチコン)を活用した菓子作りの楽しさや焼成の考え方・ヒントを提案することを主旨としています。

スチコンは、モードの選択と温度・湿度・風量の組み合わせで理想とする焼成ができる調理機器です。各メーカーや機種によって湿度や風量の設定値の幅・数値の刻み方、蒸気の生成メカニズム等に特徴があるため、水蒸気加熱の特性を理解し、お使いのスチコンの「くせ」を掴んで、お店の配合や理想とする焼き上がりに合った設定を見つけることが肝要です。

スチコンについて

- 本書で紹介する加熱設定(温度・湿度・風量・焼成時間)は、ラショナル「iCombi Pro 10-1/1」をオプションで(フランス天板仕様の)8段へ変更したものを使った場合のものです。
- 熱風で加熱するモード「コンベクションモード」を、著者の焼成を解説するページにおいては、ラショナル社の呼称を用い、「ホットエアーモード」と表記しています。
- 3章・4章の焼成プログラムでは必ず予熱を行ってください。本書では基本的に工程1と同じ設定で予熱しています。
- 4章の各メニュー1ページ目、左上のマークは、焼成のモードを示しています。

> 🔥 コンベクションモードで焼成
>
> 🔥 コンビモードで焼成
>
> 🔥 スチームモードで焼成
>
> 🔥+🔥 コンビモードとコンベクションモードを組み合わせて焼成

レシピについて

- 紹介しているお菓子の中には、お店で常時提供していないもの、季節限定で提供するものもあります。また、本書のために提案していただいたものもあります。
- パーツ名の表記は、お店の慣例に従っています。また、材料・作り方の表記、分量の単位、クリームや生地の仕込み量はお店の表記に従って掲載しています。組み立てを紹介するレシピの中では、1個あたりの分量で紹介しているものもあります。
- 無塩バターの正規表示は「食塩不使用バター」ですが、通称の「無塩バター」と表記しています。
- 材料のクリームは、「乳及び乳製品の成分規格等に関する命令」(乳等命令)に配慮し、本書では「生クリーム」「乳主原クリーム」と表記を分けています。乳等命令において「クリーム」に分類される、乳脂肪18%以上を含み添加物が入らない乳製品を「生クリーム」と表記し、「乳等を主要原料とする食品」に分類される、乳脂肪の一部を植物性油脂に置き換えたり乳化剤・安定剤などを含む製品を「乳主原クリーム」と表記しています。
- 材料の生クリームのと乳主原クリーム「%」は脂肪分を、チョコレートの「%」はカカオ分を表しています。
- 材料名において、お菓子の基本となる小麦粉と生クリーム・乳主原クリーム、またポイントとなる材料には製品名・販売元の情報も明記しています。
- 分量に適量とあるものは、様子を見ながらお好みでお使いください。
- 焼成以外の調理における加熱、冷却、撹拌時間などは著者が使う機器を使用した場合のものです。
- 掲載しているお菓子の材料・作り方は、2024年7〜11月の取材時のものです。配合や製法に加え、組み立てや容器などは変わることがあります。
- お店の営業時間、定休日などのショップデータは、2025年1月現在のものです。

CHAPTER 1

スチコンと出会って進化した『アントレ』の菓子作り

パティスリー店主である著者が、理想とする菓子と働き方を探る中で出会った「スチームコンベクションオーブン」。その導入は、菓子作りへの考え方や、創作意欲に大きな影響をもたらしました。この章では、著者が抱くお菓子への想い、スチコン導入に至る経緯とその後の気づきが、新たな菓子作りの可能性をどのように広げていったのかを紹介します。

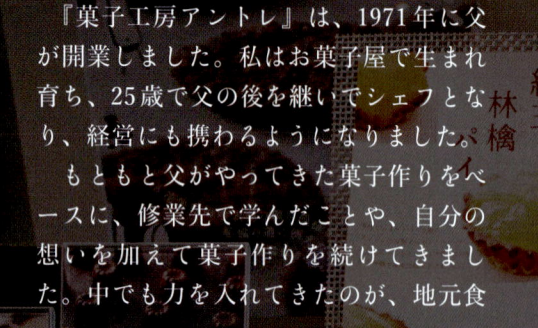

『菓子工房アントレ』は、1971年に父が開業しました。私はお菓子屋で生まれ育ち、25歳で父の後を継いでシェフとなり、経営にも携わるようになりました。

もともと父がやってきた菓子作りをベースに、修業先で学んだことや、自分の想いを加えて菓子作りを続けてきました。中でも力を入れてきたのが、地元食材を使うこと。地元の千葉県船橋市には、養鶏場や牧場などがあり、新鮮な卵や牛乳が手に入ります。地元の生産者の協力を仰ぎ、仕入れ先を開拓していきました。それらの地元食材を使ったお菓子を「髙木シリーズ」と名付けて、チーズケーキやシュークリームなど徐々に商品を増やしていき、いまでは名物シリーズとなっ

ています。このネーミングは、地元の食材を、地元で生まれ育った私が作る。自分で自信をもって自分の商品として売る。その覚悟を示しています。

　経営面を考えると、菓子店ではどうしても生産性の高さを追求しがちです。しかし私は本来、おいしいものを追求することが第一だと思っています。一時期の売上より、30年も40年もおいしいねと言ってもらえるお菓子を作り続ける方が、パティシエとして価値があるんじゃないか。そしてまた、スチコンのような新しい機器が出てきて、それを使ってお菓子を進化させ、新たなおいしさをお客さんに届けることができる。これもパティシエとして非常に嬉しいことですね。

スチコンを導入したわけ

スチコンの導入を決めたそもそもの目的は、プリンの生産効率を上げるためでした。これまではバットに湯を張って湯煎し、オーブンで焼いていました。私や女性スタッフが作業していたのですが、これがかなり重くて危険性もあり、いつか怪我をするのではと危惧していました。

またうちのプリンは、卵白量が非常に少なく卵黄量が多いレシピで、焼成時に温度帯をしっかり管理しないと固まらないし、逆に火を入れすぎても分離してしまう。失敗も結構あり、生産量もそれほど高くなかった。それに数年前からうちでも人手不足が問題になり、ある程度機械化を進めることで、自分1人でも回せるような工房を作っていきたいと考えるようになっていました。こういった色々な理由が積み重なり、プリン製造を念頭にスチコン導入に踏み切ったのです。

早速プリンを焼いてみたところ、もっと

早くスチコンを導入していればよかったと思うくらい、非常にクオリティーの高いものができました。

その一方、プリン以外はまだまだ。コンベクションモード（著者が使用する機種では「ホットエアーモード」）を使ってクッキーやパイなどは焼いていたのですが、蒸気を入れて焼くという「コンビモード」というのがよく分からない。

でもせっかく付いている機能なのだから活用したい。ちょっとした好奇心がきっかけとなり、それまでオーブンで焼いていた「紅玉林檎パイ」を、物は試しとコンビモードで蒸気を入れて焼いてみました。するとパイ部分はサクサク、中のクレーム・ダマンドはふっくら、リンゴはしっとりサクサクと、理想通りに仕上がりました。これはすごい発見なのではと感じ、そこからコンビモードを使った菓子作りへのチャレンジが始まりました。

お菓子の表現の幅が広がった

初めてコンビモードを使って「紅玉林檎パイ」を焼いた時、スチコンの扉を開けた瞬間、中から蒸気がぶわっと出てきて、圧力釜を開けた時に似ていると感じました。そして焼き上がったパイは、オーブンで焼いた時と生地の浮き方や膨らみ方が違っていて、食べるとしっとりサクサクでおいしい。さらに検証したところ、数日経ってもサクサク感が保たれていました。これは「これまでとは異なる焼成法」を発見したと感じ、それまでオーブンやスチコンのホットエアーモードで焼いていた生地でも挑戦してみました。すると焼き方以外は同じレシピ・製法のままなのに、口溶けや味わいがまったく違う仕上がりになったのです。

パイはサクサク、中のクリームはふっくらと火が通り、表面のリンゴはほどよく水分を残してしっとりサクサク。これまで諦めていたような焼き方が可能になったことで、私のお菓子の表現の幅が広がりました。

菓子工房アントレ
ENTRÉE
CHIBA

**スチーム
コンベクションオーブン
使ってみました！**

材料の配合はすべて同じ！
いつもと違うオーブンを使ってみたら、
新しい味わいになりました。
従来のしっとり感、新しいふわふわ感…
是非食べ比べてみてください♪

リニューアル♪

人気の高木ロールに様々なバリエーションが限定発売です！
高木ロールカット
大人気「高木ロール」のカットタイプです。
地元船橋の押木養鶏場の新鮮卵を使用した
絶品ロールケーキです。
税込 **432** 円
アレルギー：小麦・卵・乳

生感覚！！
高木ロールカット
高木ロールの進化版。最新鋭のスチームコンベクション
オーブンでよりフワフワに焼き上げた生地をたっぷりの
生クリームで巻き込みました。
税込 **432** 円
アレルギー：小麦・卵・乳

プレ
シ

生地の材料のレシピは同じで、焼成法を変えるだけで違う商品になる。添加物を使うのではなく、卵と砂糖と粉、そんなシンプルな素材の組み合わせの力を、蒸気の力によって引き出す。それが菓子作りの基本に還っていくようで、ワクワクしています。

　お客様に対しても、新たなアプローチができるようになりました。従来通りオーブンで焼いた「髙木ロール」と、スチコンのコンビモードで焼いた「生髙木ロール」。店では両方を商品として販売し、「食べ比べてみてください」といった提案を行い、好評を得ています。生地のレシピは同じなので、店側の負担は少なく、アイテム数を増やすことが可能なのです。

　いまはスチコンという新しい機器を生かしつつ、新しいものを生み出していこうという意欲に溢れています。この焼成法が、洋菓子界の新しいエネルギーとなる可能性を秘めていると感じています。

スチコンから生まれた『アントレ』の新定番メニュー

スチコンと向き合い試行錯誤する中で誕生し、
『アントレ』の人気メニューとなった品々を紹介します。

生髙木ロール（カット）

軽さにこだわって開発したロールケーキ。もともとオーブンで焼き上げていた生地を新たにスチコンで蒸気を入れて焼くことで、より軽く口溶けよく仕上げた。生地のレシピはまったく同じながら、焼成時のアプローチを変えるだけで新たな商品ができる。食べ比べを提案するなど、新しい売り方の導入にもつながった。

髙木ぷりん

地元・船橋産のおいしい素材を使ったプリンを作りたい。その想いを持って開発したのがこのプリン。地元食材を使い、船橋で生まれ育った自分が作る。その責任感を"髙木"というネーミングで示した。固まるギリギリを狙った緩い生地を、スチコンのスチームモードで、極限までやわらかに仕上げる。

ボトルスイーツ

岐阜の菓子店『フランボワーズ』の講習会で学んだボトル入りスイーツをヒントに開発。地元・船橋の市場や果樹園を営む親戚など、質のいい果物の仕入れルートを活用し、おいしい旬の果物を使って年間20アイテムほどを提供。ガラスのビンに入れてスチコンで蒸すことで、安定してなめらかな状態に焼き上げる。

紅玉林檎パイ

しっかり浮かせたいパイ生地と、しっとり焼きたいクレーム・ダマンド、乾燥させたくないリンゴ。この3つの要素をそれぞれ理想通りに焼き上げるために、初めてスチコンのコンビモードを使用したという記念碑的アイテム。オーブン焼きとの仕上がりの違いに驚き、蒸気を使った焼成法へのめり込んでいくきっかけに。

栗心
くりごころ

マドレーヌ生地の中央部分に、大きな栗の甘露煮を丸ごと1個入れて焼き上げた。通常、生地の中に大きな副材料を入れると周りの生地に火が入りにくくなるが、スチコンであれば栗の周りもしっかり焼き切ることができ、それでいて生地はフワフワ、栗はしっとり。これまでの常識と異なる焼成法へのチャレンジを促した一品。

濃密テリーヌフロマージュ

油脂と水分量が多く、空気の含有量が少なくて、火入れに気を使うテリーヌ生地。これをスチコンで焼くとどうなるだろうか。そんな疑問から焼成に挑んだ。しっかり中まで火入れしながら、低温で短時間加熱して生っぽさを残し、チーズの風味を活かして仕上げ、オーブン焼きの場合とはまた違う新たな商品が生まれた。

ベイクドチーズタルト

「テリーヌフロマージュ」のなめらかなアパレイユと、サクサクの
タルトを組み合わせたらおいしいのでは。そのひらめきから開発
した新商品。コンビモードでは上手くいかず、ホットエアーモー
ドに変更したところ、短時間で沈みなく焼き上げることに成功。
臨機応変に、柔軟に発想することの大切さと面白さを学んだ一品。

カヌレ

表面をよりカリッと仕上げるには、型から抜いてから二度焼きすればよいのでは。これまで誰も思いつかなかった柔軟な発想で、コンビモードとコンベクションモードの二段階で仕上げたカヌレ。理想の形を求め、製菓用型製造の千代田金属工業㈱と共同開発した、小ぶりで縦長のスタイリッシュなオリジナル型を使用。

アントレ風　生シフォン

焼成時生地が乾きやすく、大型の型に入れて焼き上げることが多いシフォンケーキ。スチコンで蒸気と風を入れて短時間で焼き上げれば、しっとり仕上げることができるのでは。そのアイデアからミニサイズのカップで蒸気を与えて短時間で焼成。しっとりしていて、口の中で泡のように消えるはかない食感に。

桃のタルト

瑞々しい生の桃を乗せたインパクトのある名物商品。トップパティシエの杉野英実氏の作品をインスパイアして開発。スチコンで桃の皮をむくことで、生産性を高めつつ桃の香りや旨みを逃がさない。土台は、クレーム・ダマンドを詰めたタルトカップ。タルトの部分は蒸気を入れてしっかり焼き切り、サクサク食感を加えている。

CHAPTER 2

スチコンの基礎知識

スチームコンベクションオーブンは、プロのパティシエにとって革新的なツールです。従来のオーブンとは異なり、蒸気と熱風を組み合わせることで、焼き上がりの質感や風味に驚くべき違いをもたらします。この章では、著者が使用するラショナル「iCombi Pro」を基に、スチコン全般における基本的な仕組みやその利点、パティシエとして最大限に活用するためのポイントについて解説します。

監修／㈱ラショナル・ジャパン

スチコンとは

スチコンはオーブンの一種

「スチコン」は、正式には「スチームコンベクションオーブン（ドイツではコンビ・スチーマー）」という名称で、オーブンの一種である。オーブンには、平窯やロースター、サラマンダー、石窯、コンベクションオーブン、オーブンレンジなど様々なタイプがあるが、なかでもコンベクションオーブンの進化系がスチコンにあたる。

コンベクションオーブンは、送風ファンで庫内に熱風を対流させ、食品を高温でムラなく焼き上げることができるのが特徴で、スチコンになると、コンベクションオーブンに蒸気発生装置が搭載され、熱を持った蒸気で加熱できるのが最大の特徴となる。

多様な調理が可能

スチコンは、3種類の加熱モードから成り立ち、グリルやロースト、蒸す、炒めるなど一般的な調理法の大部分をこなすことができる。鍋で煮込むような調理や、フライパンで炒めたり、焼いたりといった調理も再現できるのだ。また機種によっては燻製や真空調理、低温殺菌（＊）なども可能で、まさに多機能なオーブンだ。

さらに芯温センサーを搭載するスチコンでは、食材の中心温度の計測ならびに設定が可能で、食材内部の焼き加減を管理しながら加熱調理することができ、生焼け防止にも役立つ。

＊低温殺菌
調理して真空包装したものや卵、ビン詰めのものなどを低温で熱処理し、食品の腐敗を招く細菌をほぼ殺菌し、病原菌を確実に殺菌する工程。

加熱モードや温度や湿度、風量、時間等の操作はダイアルと操作盤で行う。メーカーによってはデジタル式のタッチパネルで操作が可能。機種によってはあらかじめ様々なメニューの焼成プログラムがプログラムされており、最適な調理方法で自動的に加熱してくれる。

スチコンはもともと、大量の食材に均一に火入れすることができるという特徴から、大量調理が必要なレストラン、ホテル、病院、学校給食センターなどの施設をはじめ、大規模なイベントやパーティーなど、多くの料理を一度に効率よく準備しなければならないケータリング業界で導入が進んできた。

その後、経済性と品質を向上させるなかで、様々な料理をフレキシブルに調理することができるという利点が知られるようになり、レストランをはじめ、ベーカリーやパティスリーでも近年導入が増加している。

味わいと栄養面での利点

味わいの面では、スチームモードを使って蒸す場合、茹でる時より浸出液が少なく、風味なども食材に残りやすい。また水溶性ビタミンやミネラルなどの栄養素が食材に残るなど、栄養面でも、健康志向のニーズに応える調理を可能にする。さらには、細胞構造が維持されるので、食感良く仕上がるといった特徴もあり、製菓においてはフルーツ等でその効果を実感できる。

一台で、焼く・煮る・蒸す・揚げるなど、
多彩な調理法をカバー

燻製

ベイク

加熱

フライパン
のように
焼いたり、
炒めたり

真空調理

グリル

蒸す

鍋のように
煮込む

低温調理、
芯温調理

ロースト

茹でる

油で焼く
(パンフライ)

発酵

(注)メーカーや機種によって対応しない項目もある。

火入れの特性

スチコンの熱移動は「対流」

まず、熱の伝わり方(熱移動)には、「伝導」、「輻射(放射)」、「対流」の3つがある。「伝導」は、固体や静止する流体の内部で熱が運ばれることをいい、熱伝導とも呼ばれる。高温の部分から低温の部分へと熱が移動する現象で、物質そのものは移動せず、熱だけが移動する。直火にかけるフライパンでの加熱などがこれにあたる。

「輻射(放射)」は、電磁波によって熱が伝わる現象。太陽の熱や、電子レンジでの加熱がこれにあたる。

「対流」は、温度差のある物質(液体や気体)の移動によって、熱が運ばれる現象。鍋で茹でて加熱する時などがあてはまり、コンベクションオーブンやスチコンでの加熱もこれに該当する。

スチコンは3つの加熱モードで構成される

スチコンによる加熱方法は、「コンベクションモード」、「スチームモード」、「コンビモード」の3種類のモードに分かれており、それぞれ加熱の仕方が異なる。

まず「コンベクションモード」は、熱風を当てることで食材を加熱する方法。ヒーターまたは熱交換器経由で庫内に対流熱を供給する仕組みだ。

次に「スチームモード」では、蒸気によって食材を加熱する。

そしてスチコンならではの加熱方法となるのが「コンビモード」。対流熱と蒸気を同時に庫内に供給し、熱風と蒸気の組み合わせで食材を加熱する。

水分量が多い方が熱効率が高まる

水の熱伝導率は空気と比べて非常に高く、空気中の水分量が高ければ高いほど、熱伝導率は高くなる。例えて言えば、90℃のサウナだと耐えられるのに、40℃後半のお風呂は熱すぎて入れないようなもの。これは湿度の差によるもので、湿度100%のお風呂の方が、湿度10%ほどのサウナよりも熱が伝わりやすく、熱く感じる。

スチコンに話を戻すと、例えば同じ温度・風量の設定で生地を焼くとして、一見、湿度の少ない「コンベクションモード」の方が早く焼きあがりそうだが、実は加湿状態にある「コンビモード」の方が、早く焼きあがるというわけだ(※ここでは食材の持つ水分量は考慮していない。またコンビモードの加湿を、生地に適した湿度を設定した場合)。湿度をうまく使いこなすことで、調理時間の短縮やエネルギーコストのダウンが見込めるのだ。

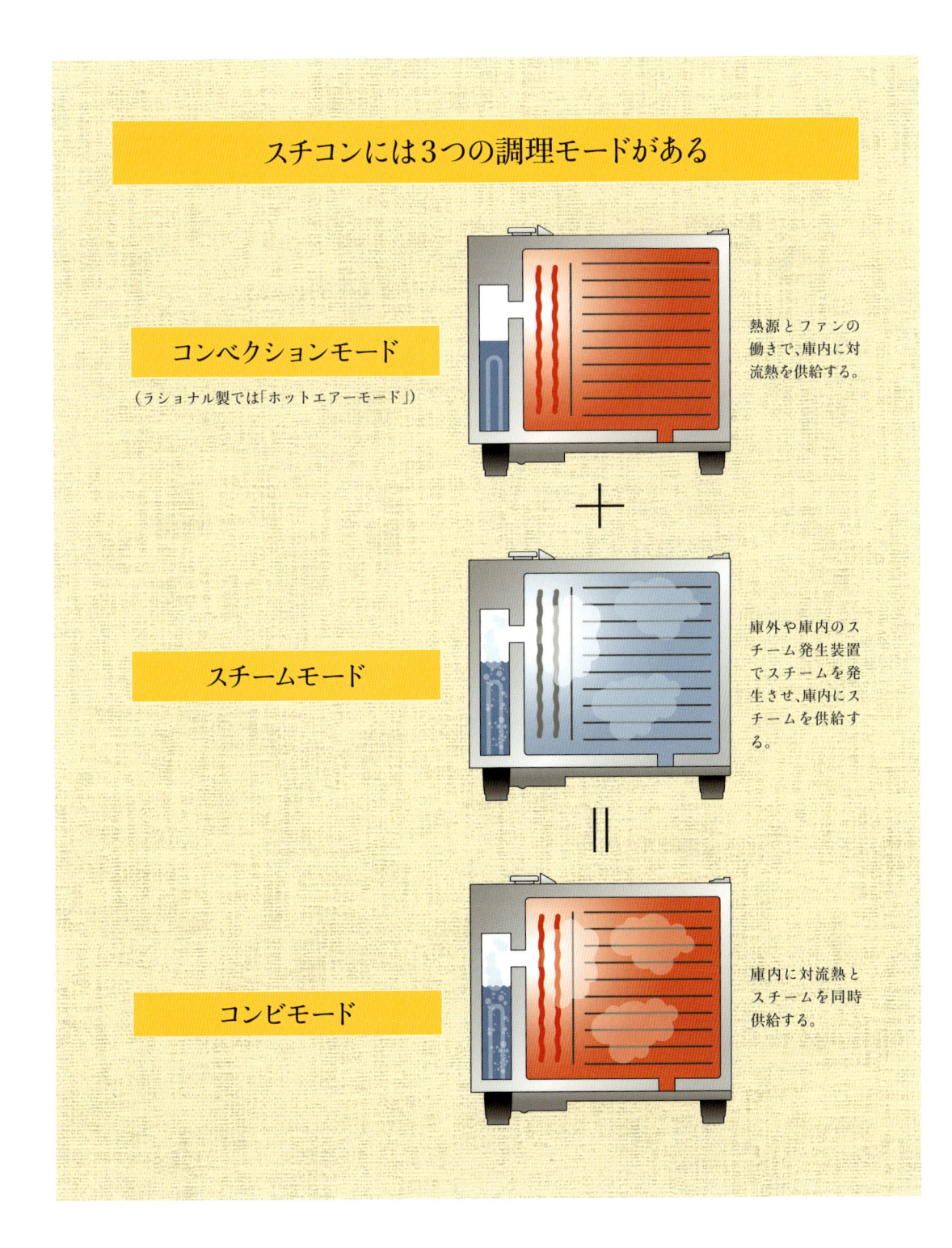

スチコンには3つの調理モードがある

コンベクションモード

（ラショナル製では「ホットエアーモード」）

熱源とファンの働きで、庫内に対流熱を供給する。

＋

スチームモード

庫外や庫内のスチーム発生装置でスチームを発生させ、庫内にスチームを供給する。

＝

コンビモード

庫内に対流熱とスチームを同時供給する。

ファンで熱や蒸気を対流させる

庫内に設置したファンで、庫内の空気の流れを強制的に調整。空気の流れが最適化され、熱エネルギーをより均等に分配する。

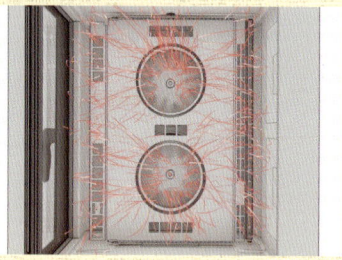

ラショナルの「iCombi Pro」では、食材や投入量、調理状態に合わせ、ファンの回転数と回転方向を随時自動で調整。効率的に短時間で、均等に加熱する。

スチーム発生装置で蒸気を生成

メーカーや機種により、スチームを発生させる機器のしくみは異なる（＊）。ラショナルでは、タンクとヒーターが一体化しており、100%フレッシュで衛生的なスチームを使用ごとに生成。

「過熱水蒸気」の特性を活用

スチコンで使用する蒸気は、100℃で蒸発した「飽和水蒸気」を、さらに高温度に加熱した「過熱水蒸気」を基本とする。過熱水蒸気(0.48cal/g)が食材表面にあたった際に凝縮水となり539cal/gの熱量を発生させ、その熱量が食材へと一気に伝達される(図1参照)ので、食材の旨みや風味を逃すことなく、急速に加熱することが可能。

加えて過熱水蒸気には、温度の低い部分に向かいやすいという特性がある。そのた

め食材に冷たい部分と温かい部分があった場合、冷たい部分に向かい、冷たい部分から加熱されていくことになる。そのため全体にムラなく、均一に火が入っていくことになり、焼きムラが少なくなるのだ。

また過熱水蒸気は、食材の表面にあたって熱を伝達する際、いったん水に戻る(凝縮水)が、庫内が100℃以上の場合、すぐに蒸発して飽和水蒸気になる。そのため食材の表面に水が残ることはなく、カリっと仕上げることができる(図2参照)。

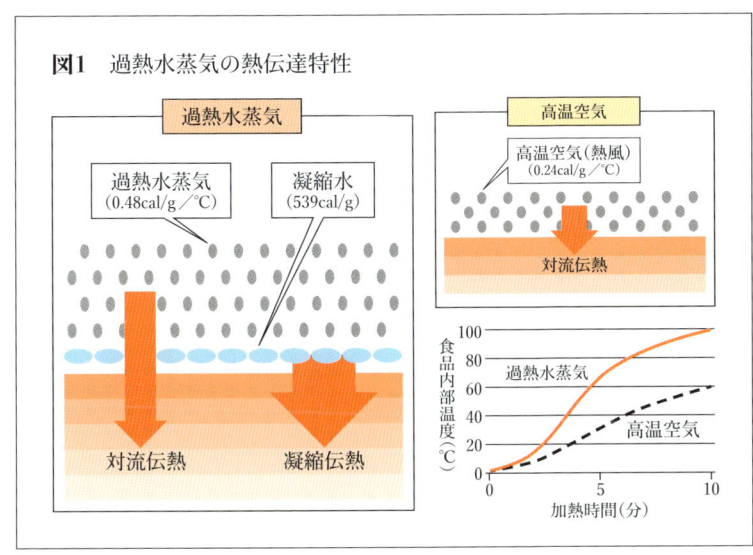

図1　過熱水蒸気の熱伝達特性

【参考資料】
図1・図2は下記を参考に一部改変した。
門間哲也、岸本卓士、田中源基、高見星司：過熱水蒸気による健康調理技術の開発、シャープ技報、91:40-44（2005）

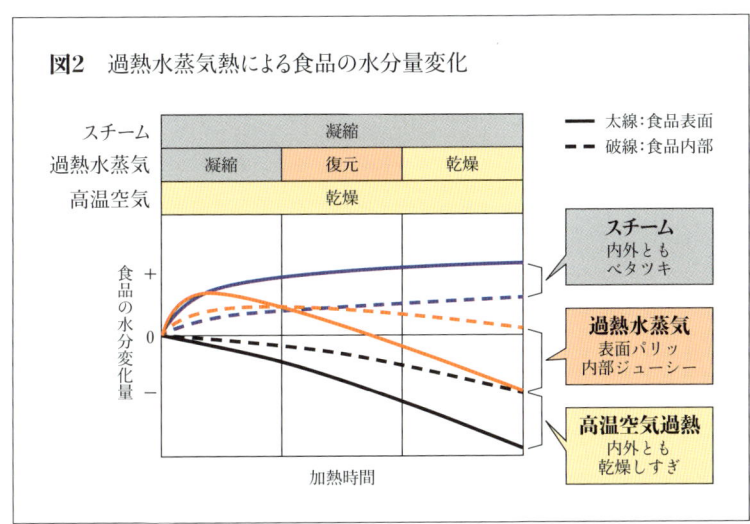

図2　過熱水蒸気熱による食品の水分量変化

湿度コントロールで理想の仕上がりに

　メーカーや機器のランクにもよるが、スチコンの庫内には高感度のセンサーが設置されており、庫内の温度や湿度を随時内部コンピューターが把握。それを加熱機器に反映して温度や湿度を調整する。加熱によって食材から出てくる余分な湿度を感知し、その分の湿度を排気しながら適度な湿度で焼き上げるといった調理も可能になっている。

　また、スチームの発生装置に関しては各メーカーで異なり、蒸気の安定性や立ち上がりなども異なる（※参照）。

＊スチーム発生装置の違い

メーカーや機種によりスチーム発生装置の方式に違いがあり、大きく分けて主に現在3種類ある。①「スチームタンク方式」。オーブンの庫外に設置したスチーム発生器で蒸気を発生させ、庫内に蒸気を送り込む。②「インジェクション（ダイレクトスチームとも）方式」。庫内の専用のヒーターに水を吹きかけて蒸気を発生。また水をファンにあてて細かな霧状にしてからヒーターにあてるという「スチームマキシ」という方法もある。③「IH技術方式」。加熱棒の周囲に電磁コイルを配置し、コイルに電流を流して加熱棒を発熱させ、その熱で水を加熱し蒸気を発生させる。

モードごとの基本性能

≋ コンベクションモード ラショナル製では「ホットエアーモード」

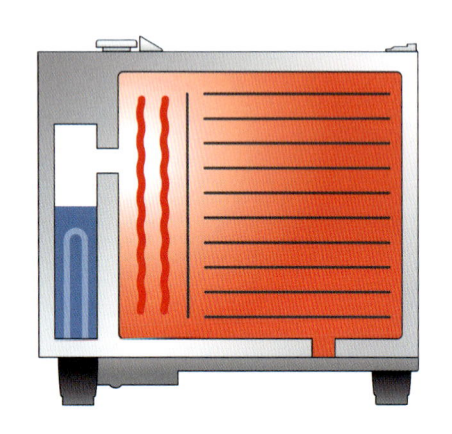

ヒーターまたは熱交換器経由で庫内に対流熱を供給。熱風を当てることで食材を加熱する。温度帯はメーカーによって違いがあるが、30～300℃程度で素材を加熱することができる。設定した温度を一定に保つことができ、1℃単位で温度調整が可能。除湿性が高く、焼き色を付けながら表面をパリッと焼き上げるような料理が得意。ベイク、グリル、ローストなどのほか、調理済みの料理の再加熱などにも向く。

●コンベクションモードでの
　湿度の考え方

メーカーや機種により、湿度の設定も可能。もともと庫内にあった湿度と、加熱することで食材から出てきた水分により変化した湿度に対して、設定した湿度にするため設定湿度まで除湿していく機種もある。ただし自動加湿機能はなく、手動で蒸気を足さない限り設定よりも低い湿度のままという場合もある。

調理での
一般的な活用例

グリル

ベイク

ロースト

製菓における
一般的な活用例

オーブン加熱

ベイク（ドライフルーツ、
パイの仕上げなど）

スチームモード

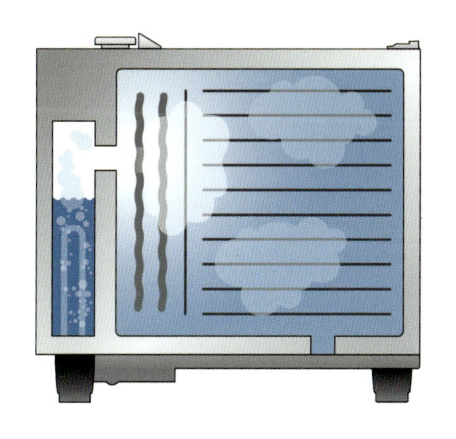

温度帯はメーカーにより異なるが、加熱温度は30〜130℃ほど。風味を移さず異なる食品を同時に調理したり、デリケートな食品を大量に生産したりといった調理が可能。鍋で茹でるときより短時間で加熱でき、食材の風味も内部に留めることができるといった利点がある。スチーム、湯煎、ポーチング、真空調理などに向く。

●スチームモードでの
湿度の考え方

スチームモードでの湿度の設定・表記は、基本的に庫内の飽和水蒸気量を表し、湿度100％が基本。設定した温度に温められた蒸気を庫内に充満させ、蒸気により加熱していく。蒸し器などと違い、その食材に向いた温度の蒸気で加熱することができるので、より繊細な仕上がりが期待できる。

調理での
一般的な活用例

蒸しもの

湯煎

真空調理

製菓における
一般的な活用例

蒸しもの

湯煎しながらの
オーブン加熱
（プリンなど）

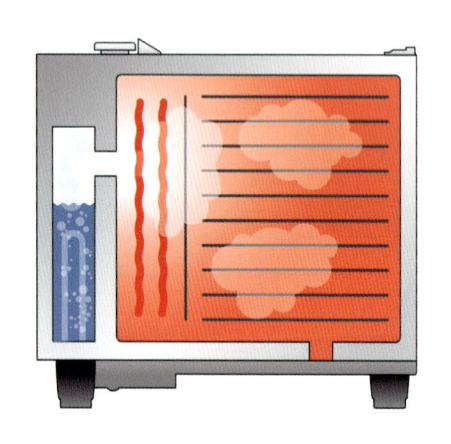 コンビモード

対流熱とスチームを同時供給し、熱風とスチームを組み合わせて加熱する。温度、湿度を綿密にコントロールしながら、食材のよさを最大限に引き出すことが可能。加熱温度は30〜300℃ほど。スチコンでは強制的に庫内の湿度を抜くこともできるので、食材から出た水分を庫外に排出し、設定した湿度に調整してくれる。湿度の調整は、メーカーにより1％単位から可能なところと、5〜10％刻み、5段階の設定など様々。調理ではグリル、ロースト、揚げ物、炒め物などに向く。

●コンビモードでの湿度の考え方

基本的に庫内の過熱水蒸気量の表記・設定となる。メーカーや機種により、設定より庫内湿度が高い場合は設定値まで自動で除湿したり、逆に足りない場合は自動加湿したり、湿度コントロールを適切に行う。

調理での一般的な活用例

- グリル
- ロースト
- 揚げる・炒める

製菓における一般的な活用例

- 加湿しながらのベイク
- 発酵

温度と湿度、風量の考え方

スチコンは普通のオーブンと比べて火の通りがよいので、オーブンで調理する時より、基本的に10〜20℃くらい低く温度を設定するとよい(オーブンで上火と下火がある場合は、上火と下火を足して二で割った温度に設定)。

湿度の設定は、料理や調理工程によって変わってくる。湿度が高いと、同じ温度でもより熱が入りやすくなることを考慮しつつ、目指す仕上がりに応じて色々と調整していきたい。例えばシュー生地を焼く時に、最初は湿度を高めにして乾かさないようにしつつ短時間で中まで火を通していき、仕上げには湿度を落としてサクッと仕上げる。このように焼成途中で湿度を変化させるのもスチコンの活用法の一つ。素材や料理によってある程度適した湿度帯があるので、最初はマニュアルに沿って調理したり、スチコンの自動調理を試してみたりして基本を覚え、その中で自身の配合や好みに合う焼成法を試してみるとよいだろう。

また「スチコンは風で調理する」と言われるくらい、風量の設定も大事。ファンを回すことで空気の流れを作り、熱エネルギーを均等に分配して、短時間でムラなく焼き上げてくれる。例えばパンを焼く際、窯なら下から加熱されて下側から焼けていくが、スチコンだと風が循環し、生地の表面全体から火が入っていく。その結果、生地の仕上がりの状態にも違いが出てくるし、焼き上がりの時間も変わってくる。

メーカーや機種にもよるが、風量の設定は無風から最大値まで3〜6段階ほどに分かれている。ラショナルでは風量の調整を5段階に設定しており、風量4を100%とすると、3が50%、2が25%、1が12.5%、5が125%の風量となる。調理ならやや強めの3〜4、製菓や製パンなら少し弱めの2〜3を基準として推奨。

風量が強い方が熱が入りやすく早く仕上がるが、水分量の多い生地などでは生地表面が波うってしまい、なめらかに仕上がらないなど問題も出てくる。特に製菓や製パンでは、熱風が強いと中心に火が入る前に表面だけ焼けてひびが入ったり、表面が先に焼き固まって生地が膨らまなかったりといったことがある。そうした場合は風量を落とすなど、作るものや状態によって調整が必要だ。

スチコンでの焼成は、P34〜36で解説したような各モードの加熱特性を踏まえ、上記のような温度、湿度、風量の影響を知ったうえで、自身の配合の特徴や表現したい食感から、モードの選択、温度、湿度、風量の設定を考えていくわけだ。その組み合わせによってお菓子の表現の幅は無限に広がり、オリジナリティあふれるお菓子を生み出すことが期待できる。

スチコンが得意とすること・できること

多段調理

　庫内の棚（段）ごとに異なる複数の料理を同時に調理することができる。例えば8分加熱、30分加熱、60分加熱の3種類の料理を、1台のスチコンに棚を分けて入れ、料理スタート。メーカーや機種によっては棚ごとのタイマー設定ができ、それぞれの加熱時間が終了したら音や光などの合図で取り出しを促す。8分加熱の料理を取り出した後の棚に、次の料理を入れて加熱するといった、効率的な調理も可能。ただし加熱に適する温度や湿度が共通している料理に限る。

　におい移りが気になるところだが、強力なファンと熱循環システムがあるため、よほど香りが強いものを除いて、調理中に料理の風味が混ざりにくいという利点がある。

自動調理

　スチコンには、あらかじめ複数の調理プログラム（レシピ）が内蔵されている場合が多く、プログラムされた料理を選ぶと、コントローラーにより自動で加熱・調理をしてくれる。近年のスチコンでは、素材の大きさや形、量などに最適な加熱時間や温度・湿度を自動で調整し、ベストな状態に仕上げてくれる機種も。

　オーブンだと均一に火入れするために、加熱途中で天板を反転するといった作業が必要になることがあるが、スチコンではそれも不要。各自の好みやこだわりを出したい場合は、オリジナルのレシピのプログラム作成も可能。

ラショナルのスチコンでは世界各国の多彩なレシピが内蔵されている。製菓では「卵料理とデザート」「ベイクアイテム」のカテゴリーから蒸し菓子、プリン、コンポートや、パイ生地、発酵菓子、チーズケーキ、クッキーなどが選べる。

短時間・大量調理

一度に大量の料理を、均一に仕上げることができるのもスチコンの魅力の一つ。蒸気を活用することで、高い熱量で均一に加熱することが可能。湿度まで指定して仕上げることができるので、誰が作っても同じ品質に仕上げることができる。

発酵

スチコンは密閉性が高いうえ、湿度と温度をコントロールできるため、理想的な環境で発酵が行える。発酵器を別途用意しなくてもよいため、作業の効率化とスペースの有効活用が可能になる。

芯温調理

食材の芯温を任意で設定して加熱し、設定温度まで自動で加熱。生焼けや焼きすぎを防止し、理想通りに焼き上げる。ブロック肉など毎回異なる形や大きさの食材の場合も、芯温設定をしておけば同じような焼き上がりに。センサーが内臓された芯温計（メーカーや機種によっては別売りのことも）を食材の中心部分に刺し、「芯温」を設定して加熱する。

経営面でのメリット

省スペース・省コスト

スチコン一台で、焼く、煮る、蒸すなどほとんどの加熱調理を行うことが可能。これまでオーブンやフライパン、鍋など調理によって使い分けていた複数の調理機器を、購入するコストが不要に。

また複数の厨房機器を設置するスペースも必要なくなり、省スペースを実現。

省力化

大量の料理を自動で調理可能なので、人件費削減に役立つ。操作が分かりやすく、オペレーションの簡素化が可能なので、経験が少ない新人スタッフやアルバイトスタッフに調理を任せることも可能。

高品質・ロス防止

高品質で均一な仕上がりが期待できる。自動調理により調理ミスも少なく、食材のロス防止にも役立つ。

効率化・顧客満足度アップ

スチコンはエネルギー効率が高く、調理時間の短縮にもつながる。多種多様な料理を一度に調理することができ、メニューの充実と顧客満足度アップにつながる。

衛生性

自動洗浄機能が付いているものも多く、日常の清掃に手間をかけずに、衛生的な環境を保つことができる。

安全性

芯温管理など温度管理を徹底した調理が可能で、生焼けなどの食中毒リスクを軽減。テイクアウトや通販などの商品づくりにも向く。

導入時に気をつけること

「導入前」にここを見る

　メーカーや機種によって性能や容量、そして価格が大きく異なる。各社WEBサイトやカタログなどで製品の情報を入手し、性能を比較検討。スチコンをどのような用途に使いたいのかを見極め、それに応じた性能を持つ機種を導入したい。

　また各社が開催しているセミナーや講習会、展示会などで、実際の機器を触り、操作性を確かめることをお勧めする。購入後の保証や保守契約、アフターサポートの条件なども確認しておこう。

「設置」に関して確認しよう

　スチコンには電気式とガス式の2つのタイプがあり、設置条件が異なるため留意が必要。電気式の場合、200Vの電源が必要な場合が多い。またガス式の場合、消防法上排気用のフード設置が必要となる。その他給排水設備、換気設備、設置スペースなども要確認。

「日々のお手入れ」が商品の品質やマシンの耐久性を高める

　メーカーや機種により必要な清掃作業は異なるが、日々の洗浄を怠らないことが、より長くスチコンを使用するための秘訣。例えばラショナルの場合、洗浄ボタンを押してマニュアルで洗浄を行うほか、閉店後などに自動に洗浄を行うように設定することも可能。その他、販売店と相談し、定期的なメンテナンスも行いたい。

スチコンの歴史

　スチコンの進化の時間をさかのぼると、その出発点は紀元前にまでさかのぼる。現代の石窯に似たパン焼き用のオーブンは古代ギリシャ時代に確立されたといわれている。そこから時が進み、15世紀末頃に薪のオーブン、19世紀初頭にガスオーブンが登場する。1893年のシカゴ万博で世界初の電気オーブンが発表された。

　そして、1976年、ラショナルが世界で初めてスチームコンベクションオーブンを開発。日本へは1980年頃から輸入されはじめ、国内では1985年〜1995年頃にかけて様々な厨房機器メーカーで開発が進み、各社から独自のスチコンが発売されていくようになった。いまではコンパクトなものや家庭向けのモデルも登場している。

　ラショナルのスチコンにおいては、近年では初期のダイヤル式からタッチパネル式の操作画面に移行してユーザーの直感的な操作を可能にしたり、さらには自動洗浄モードを搭載し、作業効率を向上。また、デジタル厨房管理システムの「ConnectedCooking」を導入し、調理システムをネットワークで管理できるようにするなど、進化を続けている。

ラショナルの創業者・ジークフリート・マイスター氏。自身の母親が作る、中はジューシーで皮はパリパリ、素晴らしい味わいのローストダックを、一台の調理機器で実現できればとの想いから、スチームコンベクションオーブンを開発するに至った。社名のRATIONALは、ドイツ語で「合理的」を意味する。

1976年、ラショナルが発売した世界初のスチコン「CD 101」

2020年に発売されたラショナルの最新モデル「iCombi Pro」。写真は卓上型の「6-1/1」。

CHAPTER 3

スチコンに触れ、その特性を知る

スチコンの特性を理解するために、「ジェノワーズ」「アーモンドクッキー」「チーズパイ」でモードや湿度、風量を変えて焼き分けの実験を行いました。本章では、その違いを比較し、スチコンの各設定が焼き上がりに与える影響を探ります。

※焼成に関わる数値や表現は、著者が使用するスチコン(ラショナル「iCombo Pro 10-1/1」をオプションでフランス天板仕様の8段へ変更)での調理に基づく。また同メーカーの呼称に準じ、コンベクションモードをホットエアーモードと表記する。

焼き分けで、「モード」と「湿度」「風量」の影響を探る

スチコンでの調理は、オーブンにはない「モード」、「湿度」、「風量」の要素が複雑に絡み合って構成されている。だが、何度もチャレンジしていくうちに、生地自体の水分量や油脂量、またその生地をどのように仕上げたいのかによって、ある程度法則性が見えてくる。モードや数値設定の選び方により焼き上がりがどのように変わってくるか。今回は性質の異なる3タイプの生地で検証を行う。

1 ジェノワーズ生地 の焼き分け　P045

4パターンの焼成で「モード」と「湿度」の影響を検証。季節による微調整パターンも紹介。

2 クッキー生地 の焼き分け　P062

焼菓子における、「モード」と「湿度」の影響を、4パターンの焼成で検証。

3 パイ生地 の焼き分け　P075

パイ生地で、「風量」と「モード」と「湿度」の影響を4パターンの焼成により検証

1 ジェノワーズ生地の焼き分け

検証の目的と見通し

パティスリーの基本と言えるジェノワーズ生地。空気をたくさん含んだふんわりした食感の生地は、スチコンで焼成することでどのように変化するのか。もともとオーブンで焼き上げる生地を、蒸気を加えて焼くとどうなるのか。またスチコンの「コンビモード」と「ホットエアーモード」では、湿度の考え方はどう違ってくるのか。主に湿度を主軸に検証する。

検証パターン

検証番号	モード	温度	湿度	風量	焼成時間	
1	コンビモード	160℃	22%	2	15分	P048
2	コンビモード	160℃	80%	2	15分	P050
3	コンビモード	160℃	0%	2	15分	P052
4	ホットエアーモード	160℃	100%	2	15分	P054
5	コンビモード	170℃	18%	2	15分	P060

条件の設定

- 生地の材料と分量、作り方は統一した（次ページ参照）。
- 焼成する物のサイズや量によって温度上昇の速度が変わるため、今回は各焼成、15cm丸型×2個とした。
- 生地はまとめて仕込むと、検証の序盤と終盤では時間の経過に伴って生地の状態が変わってしまうため、各検証の度に、生地を仕込むこととした。
- 対流熱により最終的に均一に焼き上がるが、ファンの位置などから、若干熱の入りが早い場所があるため、毎回、庫内の下から2段目に差し込んで焼成した。
- 焼成後、粗熱がとれてから試食し、翌日にも試食をした。

「ジェノワーズ」のレシピ

[材料] 丸型(直径15cm)2台分

全卵…143g
ビート糖…100g
水あめ…16g
ハチミツ…6g
薄力粉(増田製粉所「宝笠ゴールド」)…60g
薄力粉(ニップン「シルエット」)…27g
牛乳…16g
無塩バター…18g

[作り方]

①ビート糖、水あめ、ハチミツ、全卵をミキサーで撹拌する。最初は高速で撹拌し、粗く泡立てた後、中低速にして均一でしっかりした泡にする。ツヤが出てきめ細かになってきたら、ミキサーの速度を低速まで落とし、よりきめ細やかに泡立てる。リボン状になるまでしっかりと立てる。

②粉を加え、全体を混ぜ合わせる。最初はざっくり、途中からは空気を入れないようにしながら、しっかりと混ぜ合わせる。空気を残すと比重が軽くなり、焼成時に浮きやすく、焼成後に潰れやすい生地になるので注意が必要。

③溶かしバターと牛乳をボウルに合わせ、②の生地を一部入れて混ぜ、②に戻し入れて全体を混ぜる。

④クッキングシートを敷いた型に、生地を流し入れる。1台あたり170g。

オーブンで焼き上げた ジェノワーズ の特徴

『アントレ』のジェノワーズは糖分がやや多めの配合で、カステラに似た風味を持ち合わせながら重くないのが特徴。また歩留まりの観点からも表面をできるだけ平らにきれいに、色付きは少なく仕上げることも重視している。次ページからの検証では、この食感や見た目がどう変化するかを確認していく。

48mm

40mm

オーブン焼きの概要

オーブンでは、上火180℃、下火140℃で13分焼成。ダンパーは閉めておく。

色付きや食感

表面はあまり色が付かないように焼き上げている。焼き上がりは弾力を強く感じ、食べるとややパサついた印象だが、ひと晩置くと口溶けがよく、しっとりとした食感に。歯切れの良さも特徴。

膨らみに関して

高さは中央と端にあまり差がなく、平らに仕上がる。

検証1	コンビモード	温度 160℃	湿度 22%	風量 2	焼成時間 15分

スチコンで蒸気と風を入れて焼成することで オーブンで焼いた時とどのような違いが出るか

検証のポイント

オーブンで焼いていた時とできるだけ同じく焼き上がるように焼成温度を設定した上で、スチコンならではのコンビモードの湿度（蒸気量）と風が、生地の焼成にどのくらい影響するかを比較した。

今回の設定選び

オーブンで焼成する際の設定「上火180℃」と同じくらいの火力として、マイナス20℃の160℃に設定（P037参照）。蒸気量は、高い方がより生地が浮きやすくなる傾向があるが、浮きすぎても表面が割れやすくなり、その後の落ち込みが大きい。試行錯誤した上で、ジェノワーズのベストの湿度として見つけたのが22％だった。同じくあまり生地を浮かせずにしっとり焼きたいと考え、風量は抑えめに設定。

しっかりと生地が立ち上がり 仕上がりはしっとりとして 口溶けの良い生地に。 表面も平らで均一な高さに

検証からわかったこと

コンビモードで適度に蒸気を加えて焼成することで、オーブンでの焼成時より口溶けのよさがさらにアップ。全体的に均一に立ち上がり、表面が平らに仕上がるため、歩留まりもよい。

42㎜

40㎜

焼き上がりの印象

オーブンで焼いた時の生地に近く、歯切れがよく口溶けがよい生地。手で押してみても、オーブンで焼成した時の感じに近い弾力がある。

※検証①〜検証④の焼成過程をP056で一覧にしています。

検証 2	コンビモード	温度 160℃	湿度 80%	風量 2	焼成時間 15分

湿度（蒸気量）を上げると どのように変化するか

検証のポイント

モードや温度、風量、時間は変えずに、湿度のみを大幅に増やした。蒸気量が増えると、ジェノワーズ生地の焼成がどのように変わるか、また焼き上がりがどのように変化するのかを検証。

今回の設定選び

1回目の湿度22%との差を試すため、80%と大幅に増量。

生地の立ち上がりが早いが、中央部分のみが高く盛り上がり、表面は割れやすくなる。食べると軽く、口溶けもよい新たなタイプの生地に

検証からわかったこと

蒸気量が増すことで、加熱の際の熱量も大きくなる。検証1回目と比べ、早く生地が立ち上がりはじめ、早い段階で表面にヒビが入ってしまった。端の方は立ち上がりが悪く、中央部分と端部分の差が顕著に出て、トップが大きく割れてしまった。表面はよりしっかりと色付いて、中までしっかり火は通っている。オーブンで焼成した時とは異なる味わいに。

58㎜

35㎜

焼き上がりの印象

オーブンで焼成した時と比べ、生地はちょっと詰まっているように感じる。側面の高さはないが、しっかり中まで焼き切れている。ジェノワーズというより、"焼きカステラ"のようなイメージ。しっとり、ふわっとした食感で口溶けがよい。

※検証①〜検証④の焼成過程をP056で一覧にしています。

検証 3	コンビモード	温度 160℃	湿度 0%	風量 2	焼成時間 15分

コンビモードであえて 湿度設定を0にするとどう変わるか

検証のポイント

蒸気と熱風を使って加熱するコンビモードで、蒸気の要素を活用しないとどうなるか。

今回の設定選び

コンビモードでスチーム量を0に設定することで、外から加湿をしないとともに、食材から出る水分も強制的に排出される。徹底的に蒸気の要素を排除してみた。

加熱の際の熱量が足りず、 生焼けの部分が残る。 食感も口の中でダマのように かたまってしまった

検証からわかったこと

全体的に加熱の際の熱量が不足している。しっかり焼き切るためには、焼成時間を延ばすか設定温度を上げる必要がありそう。最初は変化が見られなかったが、途中から生地が全体的に立ち上がり、大きく膨らんだ。庫内から出すとすぐにへこんでしまった。高さは出るが、真ん中部分の落ち込みが大きく、真ん中がへこんだ形になる。

39㎜

45㎜

焼き上がりの印象

生地はふわふわして軽さがある
が、中央部分がやや生焼けの印
象。焼き入れていない粉っぽさ
が残り、少しもろくてべちゃっ
としている。食べると溶けてい
かず、口の中でダマのようにか
たまってしまう。

※検証①〜検証④の焼成過程をP056で一覧にしています。

検証 4	ホットエアーモード	温度 160℃	湿度 100%	風量 2	焼成時間 15分

モードの変更によって、どう変化するか

検証のポイント

蒸気と熱風で焼く「コンビモード」から、熱風で焼く「ホットエアーモード」に変更。その他の要素は検証3の時とできるだけ変えないようにした。

今回の設定選び

オーブンに近い焼き上がりになるはずの「ホットエアーモード」に設定。庫内湿度は高くしておきたいと考え、湿度は100%に設定。100%というのはオーブンでいうところの「ダンパーを閉めた状態」に相応し、食材から出る湿度は庫外に排出されないため、ある程度の湿度が保たれるのではと推察。

温度と風量は維持し「ホットエアー」100%にしたところ全体の熱量が不足。生地は立ち上がるがやや生焼けのような仕上がりに

検証からわかったこと

検証3の時と同じように、生地が全体的に立ち上がり、高さも出る。また焼成後に庫外に出すと、一気にへこんでしまい、中央部分が特にへこむ。ただ検証3の時より落ち込みは控えめ。表面に焼き色が付いているが、食べると加熱が足りない印象。全体に熱量が足らず、焼成温度を上げるか、焼成時間の延長が必要。

44㎜

45㎜

焼き上がりの印象

表面に焼き色は付いているが、切るとダマが確認でき、検証3の時に近い。立ち上がりはよく軽く仕上がっているが、口溶けが悪く、べちゃっとした口当たりでやや粉っぽさが残る。

※検証①〜検証④の焼成過程をP056で一覧にしています。

ジェノワーズの焼成過程

	1分	2分	3分
1 コンビモード 22%			
2 コンビモード 80%			
3 コンビモード 0%			
4 ホットエアーモード 100%			

| 4分 | 5分 | 6分 | 7分 |

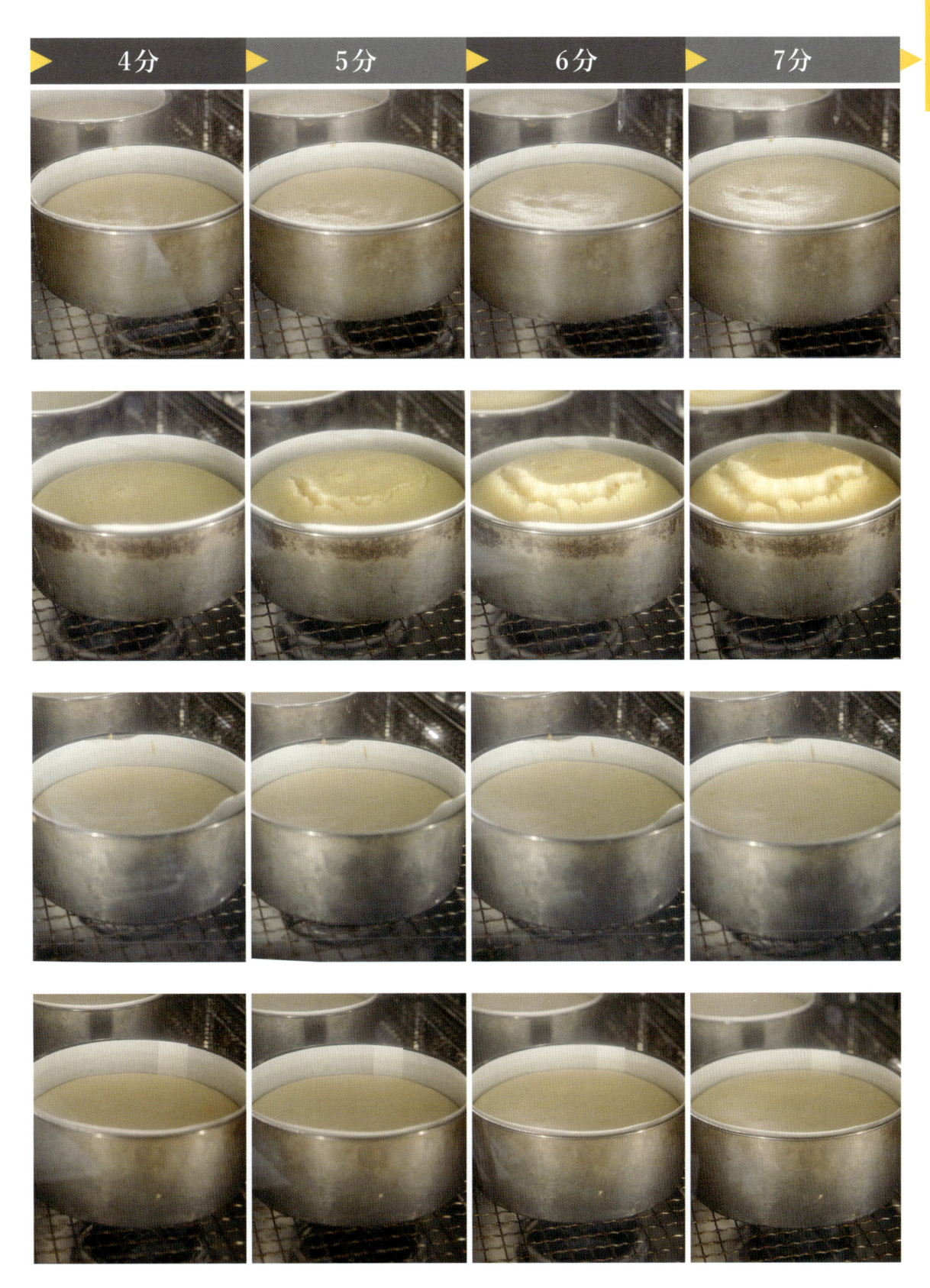

1 ジェノワーズ生地の焼き分け

ジェノワーズの焼成過程

| ▶ | 8分 | ▶ | 9分 | ▶ | 10分 | ▶ | 11分 | ▶ |

1 ジェノワーズ生地の焼き分け

12分	13分	14分	焼き上がり 15分

検証5	コンビモード	温度 170℃	湿度 18%	風量 2	焼成時間 15分

季節による変化を考慮し、微調整するとどうなるか

検証のポイント

検証1〜4でアントレの配合に合うベストの焼き加減が検証1の設定だった。これは冬春の時期に導き出した設定だったが、高温多湿の真夏に焼いたところ、ひと晩寝かせて使用する際、生地の湿度の戻りが大きく、表面がべたついているように感じられた。それならば外気の影響を考慮し、少し表面が乾き気味になるように仕上げたらよいのではないか。そう考え、検証1に微調整を加えて検証してみた。

今回の設定選び

検証1と比べ、湿度の高い時期に焼くことを考慮し、湿度設定を22%→18%にダウン。その分熱量が足りなくなると考え、焼成温度は10℃アップさせた。風量や焼成時間は同じ。

検証1の設定を基本に、湿度の高い夏にはスチーム量を落とし、その分温度を上げて微調整したところ夏向きの高品質の仕上がりに

検証からわかったこと

立ち上がりもよく、表面もほどよい色合いで、中までしっかりと焼きあがる。焼成後の落ち込みも少なく、パサつきもなくほどよくしっとりしていて、夏場に検証1の設定で焼いた時よりもさらにベストの状態に。生地は蒸気量を4%変えるだけでも、仕上がりの印象は異なってくる。よりよい仕上がりを目指す場合、季節の影響を考慮した微調整も有効と言える。

42㎜　　43㎜

焼き上がりの印象

中までしっかり火が通っていて、全体に立ち上がったまま、表面も平らに仕上がる。焼成後落ち込みも少なく、しっとりソフトな状態で、口溶けがとてもよい。

ジェノワーズ生地の焼成過程

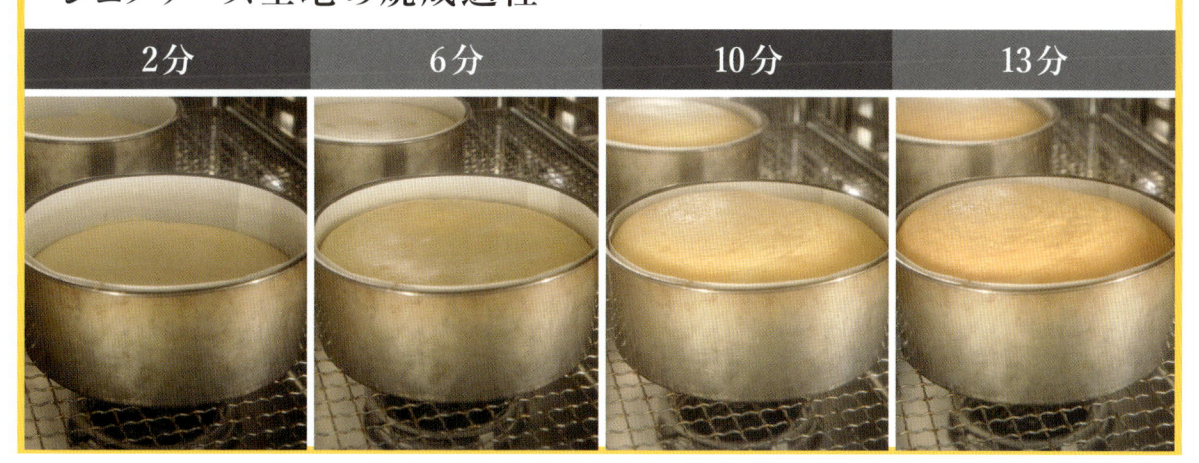

| 2分 | 6分 | 10分 | 13分 |

2 クッキー生地の焼き分け

検証の目的と見通し

焼き菓子の中でも焼き切る印象が強く、蒸気を加えるというイメージを持ちにくいのがクッキー。スチコンで蒸気と風を加えて焼くことで、オーブンでの焼成とはどのように違ってくるのか。またスチコンのモードによる違いも確かめていく。

クッキーにおいては、作業性を高めるため、大量にムラなく均一に焼き上げることが最も重要な要素となる。その前提を保ちつつ、設定の違いによる仕上がりの違いについても紹介する。『アントレ』では通常モードや温度、湿度を切り替えて4工程で焼き上げている（P108参照）が、今回はより条件の違いによる変化が分かるように、工程を1つのみに絞っている。

検証パターン

検証番号	モード	温度	湿度	風量	焼成時間	
1	コンビモード	160℃	90%	3	18分	P064
2	コンビモード	160℃	10%	3	18分	P066
3	ホットエアーモード	160℃	100%	3	18分	P068
4	ホットエアーモード	160℃	0%	3	18分	P070

条件の設定

- クッキー生地は、検証の都度、同じ生地温度で焼き始めるために、あらかじめ天板に生地を並べた状態で4℃の冷蔵庫に入れておき、焼成する直前に冷蔵庫から出して使用した。
- 並べ方は、天板1枚に25枚（5枚×5列）で統一した。
- 全検証とも、天板1枚のみをスチコン庫内の下から2段目に差し込んで焼成した。

「アーモンドクッキー」のレシピ

[材料] 仕込み量（約150枚分）

薄力粉(粗挽きタイプ)(増田製粉所
「アモーレ」)…552g
ビート糖…204g
皮付きアーモンドパウダー…100g
皮むきアーモンドパウダー…30g
アーモンドスライス…115.2g
発酵バター…324g
綿実油…108g
牛乳…43.2g
バニラエキストラクト
(ナリヅカコーポレーション
「バニラエキストラクト2018」)…1.2g

[作り方]

①薄力粉、ビート糖、アーモンドパウダー2種、少し砕いたアーモンドスライスをミキサーに入れる。

②バターと綿実油を軽く合わせ、1に加えてすり混ぜる。

③2に牛乳、バニラエキストラクトを加え、混ぜる。冷蔵庫でひと晩寝かせる。

④生地を1cmの厚みに延し、直径4cmの円形に抜く。

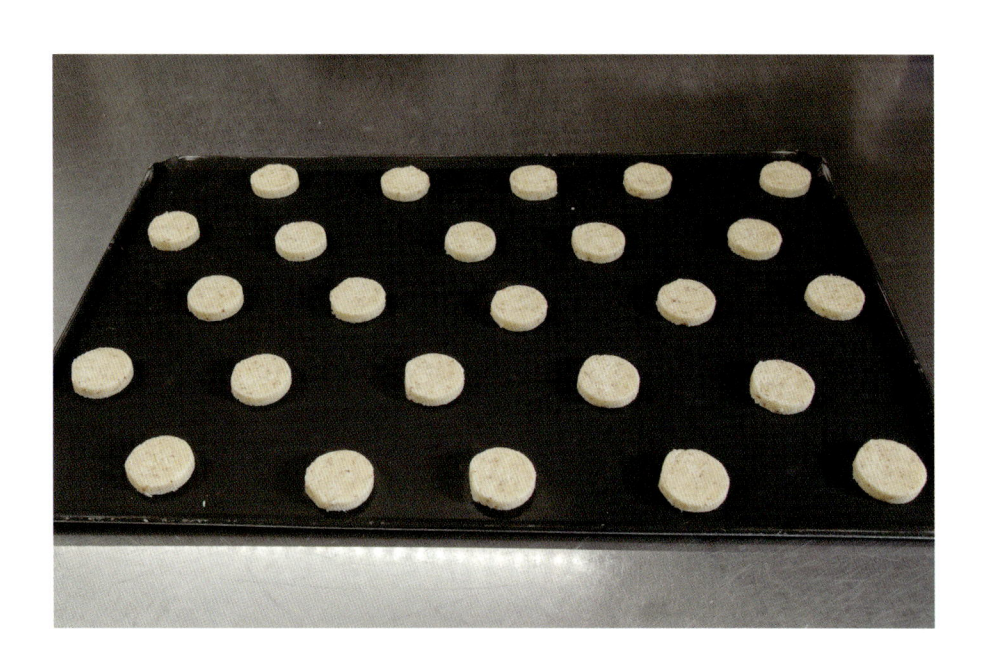

検証 1	コンビモード	温度 160℃	湿度 90%	風量 3	焼成時間 18分

スチコンで蒸気をしっかり入れて焼くことでオーブンで焼く時とどのように変化するか

検証のポイント

コンビモードかつ湿度設定高めで焼くと、生地にどのような影響があり、クッキーがどのように焼き上がるかを検証。

今回の設定選び

コンビモードの蒸気の効果を調べるため、湿度を高めに設定。焼成温度は通常オーブンで焼成する際の温度の−20℃（160℃）に設定。焼成時間は通常オーブンで焼く時にかかる時間で揃えた。風量はやや高めの3に設定し、全体に風を回す。

水分が入る分、焼き切るのに時間がかかる。食感はソフトな仕上がりに

検証からわかったこと

最初に蒸気を多く加えることで生地の表面が溶けたような感じに。生地の中の糖分が溶け出し、表面を飴状に覆ったまま、キャラメリゼのように徐々に色付いていく。8分ほどで中央部分の浮きがかなり大きくなり、中央が盛り上がった形で焼き上がる。しっかり焼けてムラもないが、生地がつまった感じでねっちりしている。表面は固いが中はしっとりして、ソフトクッキーのような印象。もう少し加熱時間を延ばすと、中までサクサクに仕上げられそうだ。

裏面

断面

側面

13mm

11mm

55mm

焼き上がりの印象

表面は一度溶けて固まった状態で、割れてザクッとした食感に。焼きムラはなく、裏までしっかり焼き色が付いているが、中は少し焼きが足りない印象を受ける。

※検証①〜検証④の焼成過程をP072で一覧にしています。

検証 2	コンビモード	温度 160℃	湿度 10%	風量 3	焼成時間 18分

コンビモードのまま、湿度設定を落とすと 焼き上がりはどう変わるか

検証のポイント

コンビモードの蒸気による影響をさらに検証するために少ない蒸気量でも焼成し、仕上がりを確認。生地の焼け方や食感の硬さがどう変わるか確認する。

今回の設定選び

コンビモードで蒸気量の違いによる変化を見るため、湿度のみを検証1の80％から10％へ大幅に減らした。他の要素は検証1と同じ設定で行う。

生地の立ち上がりや膨らみ、 火の入り方から表面の質感まで、 すべてが違った仕上がりに。 理想に近い状態

検証からわかったこと

加える蒸気量が少なくなった分、検証1の時より生地が浮きにくくなっている。蒸気をあてることで生地は膨張するが、過度な膨張などはなく、その後側面部分まで立ち上がり、しっかりと焼けていく。中までしっかり火が通り、ほろほろとした食感に。通常の焼成レシピと比べると焼き上がりのサクサク感がやや劣るが、単純なプログラムなので取り入れやすいのでは。厚みのある生地でも蒸気を入れて焼くことで、色ムラなく均一に焼けることが推測できる。

裏面

断面

側面

10mm

9mm

55mm

焼き上がりの印象

少し横に広がったものの、端部分が立ち上がった形で焼き上がる。エッジはそれほど立っていないが、ムラなく、裏までしっかり焼き色が付く。内部もきれいに火が通っている。口の中でほろほろ崩れるような食感のクッキーに。

※検証①〜検証④の焼成過程をP072で一覧にしています。

検証3	ホットエアーモード	温度 160℃	湿度 100%	風量 3	焼成時間 18分

蒸気を加えない「ホットエアーモード」に変更し、除湿しない設定では、食感と焼き時間はどうなるか

検証のポイント

通常クッキーを調整するモードとして活用されるホットエアーモードに切り替え、焼き上がりを確認する。焼成温度は変えずに、蒸気を加えずに焼くことで、必要な焼成時間は変わるのかを検証する。

今回の設定選び

ホットエアーモードに変更。湿度は、食材から出る水分をあまり抜かないように「100%」に設定(オーブンで言う「ダンパーを閉めた状態」)。温度や焼成時間は検証2と変えずに行う。

均一に立ち上がり、全体に厚みが出て形よく、ほろほろの食感に。ベターな焼き方

検証からわかったこと

中央部分が膨らんできたのち、端部分も立ち上がり、全体的に立ち上がりながら焼けていく。生地が横に広がらず、これまでで一番厚みがあり、オーブンで焼いた時に近い仕上がりに。ただ、表面は焼けているように見えるが、裏を見ると白っぽいところが残っているものもあり、焼きムラがある。中をしっかり焼こうとして焼き時間を延ばすと、焼きすぎの原因になる。スチコンのコンビモードの有効性が確かめられた形だ。

裏面

断面

側面

11mm

10mm

51mm

焼き上がりの印象

全体に平らで厚みがあり、エッジもきれいに出る。色はこれまでで一番薄く、中は火が入りきらずに白っぽい部分が残る。少し粉っぽさはあるものの、検証2の焼き上がりに似た、サクサクでほろほろした食感に。

※検証①〜検証④の焼成過程をP072で一覧にしています。

| 検証 4 | ホットエアーモード | 温度 160℃ | 湿度 0% | 風量 3 | 焼成時間 18分 |

「ホットエアーモード」湿度0%では、オーブンと同じように焼けるのか

検証のポイント

ホットエアーモードにおける湿度設定の影響を検証する。庫内の水分を抜きながら焼いていくと、検証3と比べてどう変わるかをみる。

今回の設定選び

検証3の設定を基本とし、湿度のみ変更し「0%」に設定(オーブンで言う「ダンパーを全開にした状態」)。水分を抜きながら熱風で加熱していく。

水分がより抜けて、目の詰まった印象。安定性にかけ、ムラも多い仕上がりに

検証からわかったこと

設定の狙い通り、オーブンでダンパーを全開にして焼成した時に近く、どんどん水分を飛ばして焼いたときのような仕上がりに。厚みも出るが、目が詰まった固い感じになる。サクッというよりバリっというような食感。好みもあるが、風味も飛んでしまっているように感じる。オーブンだと180℃で25分ほど焼成するため、スチコンのホットエアーモードの方が焼成の推移は早いと言えそうだ。しかし中まで火が通っておらず焼き色も薄いので、焼成時間は若干延ばしたほうが良い仕上がりになるかもしれない。

裏面

断面

側面

10mm

9mm

50mm

焼き上がりの印象

形はエッジも立ち厚みもある。目が詰まっている感じでやや固い仕上がり。色は一番薄く色付く。中はさらに白くムラがあって、焼き切れていない印象。水分が抜けて乾燥しているようで、もろい生地に仕上がる。焼いた時の香ばしさには欠ける。

※検証①〜検証④の焼成過程をP072で一覧にしています。

アーモンドクッキーの焼成過程

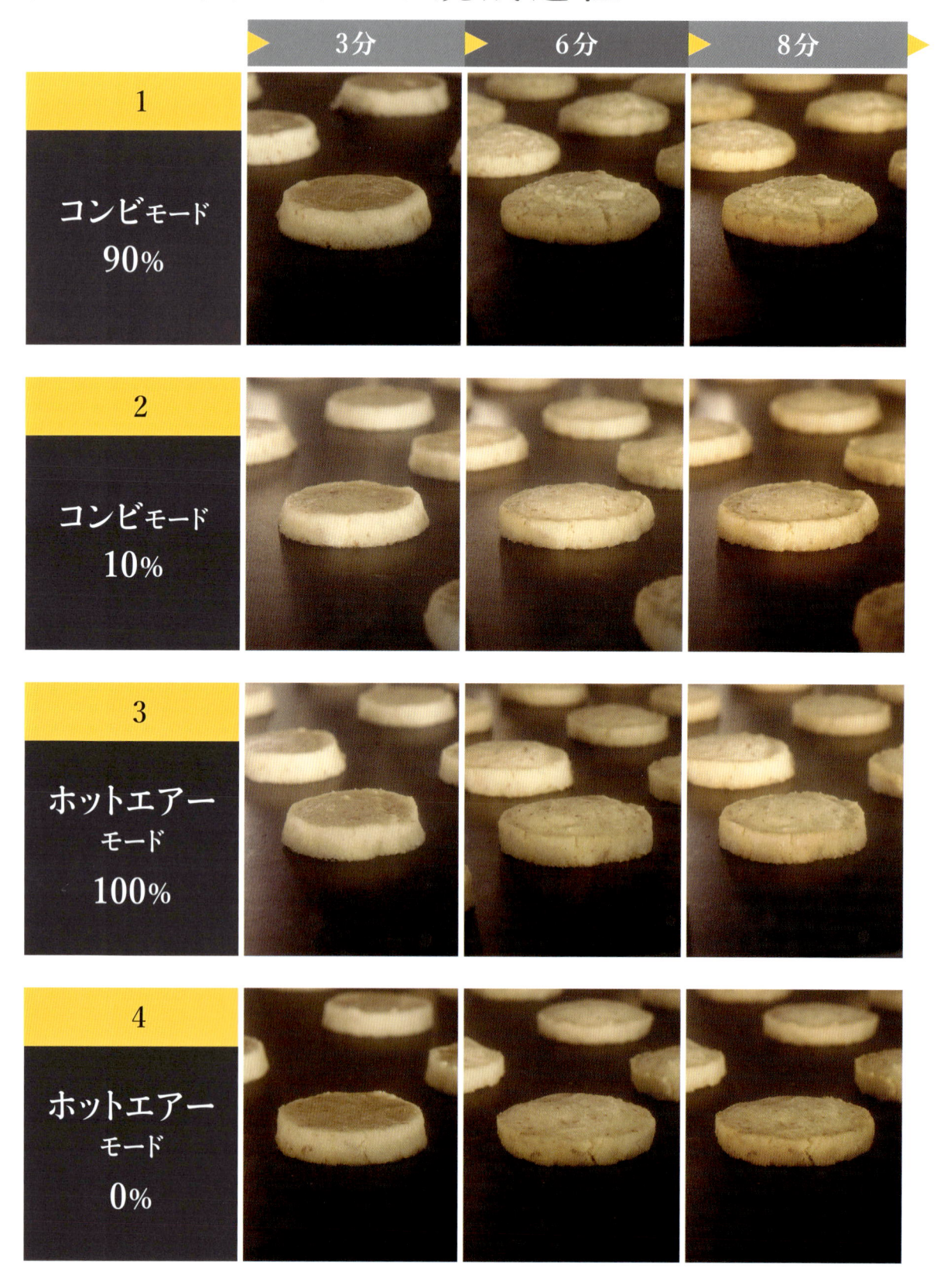

	3分	6分	8分
1 コンビモード 90%			
2 コンビモード 10%			
3 ホットエアーモード 100%			
4 ホットエアーモード 0%			

| 10分 | 12分 | 14分 | 15分 |

アーモンドクッキーの焼成過程

▶ 16分	▶ 17分	焼き上がり 18分

3 パイ生地の焼き分け

検証の目的と見通し

パイ生地でも、コンビモードで焼成する意義を探ってみたい。ここでは、スチコンの重要な要素の一つ「風」の強弱による影響も検証してみる。生地に含まれる空気量が少なくて油脂が多く、焼成時に浮きにくい練り込み系のパイ生地「パート・ブリゼ」を用い、パイ生地の表面にチーズをたっぷりトッピングすることで、さらに浮きにくい状態にして焼き分けてみる。

検証パターン

検証番号	モード	温度	湿度	風量	焼成時間	
1	コンビモード	180℃	60%	4	25分	P076
2	コンビモード	180℃	60%	1	25分	P078
3	コンビモード	180℃	20%	4	25分	P080
4	ホットエアーモード	180℃	100%	4	25分	P082

条件の設定

- パイ生地は、あらかじめ天板に生地を並べた状態で4℃の冷蔵庫で保管し、焼成する直前に冷蔵庫から出した。
- 並べ方は、天板1枚に25枚（4枚×3列）で統一した。
- 全検証、天板1枚のみをスチコン庫内の下から2段目に差し込んで焼成した。
- 焼成後、粗熱がとれてから試食した。

「チーズパイ」のレシピ

[材料]

パート・ブリゼ
（P091参照）…適量
卵白…適量
塩…適量
粉チーズ（グラナ・パダーノ）…適量

[作り方]
P091①②参照
③パイ生地は、厚さ3mmに延し、卵白に塩を加えて溶いたものを表面に刷毛で塗る。
④粉チーズを3に厚めにふりかけ、手で押して生地にくっつける。
⑤4.5×7cmの長方形にカットする。

④

検証 1	コンビモード	温度 180℃	湿度 60%	風量 4	焼成時間 25分

コンビモードで蒸気を強く当てると　パイ生地はどう焼きあがるか

検証のポイント

風の影響をメインで確かめたいので、焼成温度や時間はオーブンで焼く時を基準にしてあまりいじらず、基本的な焼成に近付けて検証。

今回の設定選び

風がどのように影響するかを見るため、風量は強めの「4」に。また、基本的にパイ生地は浮かせて焼きたいので、生地を浮きやすくするため湿度はやや高めに設定。オーブンでは通常190℃くらいで25分ほど焼くが、スチコンで相対する温度帯（P037参照）の中で高めの180℃に設定した。

浮き上がりが早く、全体的にきれいに浮いたまま色ムラもなくサクっと焼き上がる

検証からわかったこと

焼成2～3分ほどですぐに生地がぷくっと膨れ、そのまま徐々に色付いていく。オーブンで焼成した時よりも膨らみが大きく、それほど落ち込むことなく焼けていき、焼き色もまんべんなく付く。ただオーブンでの焼成時と同じくらいに時間をかけて焼いたものの、中側には白い部分が少し残る。膨らんだことでパイ生地とチーズの間に層ができたことが、火の通りが悪い原因になっているかもしれない。改良点としてもう少し焼成時間を長くすると、より香ばしく焼き切れるだろう。

断面

側面

21mm

13mm

焼き上がりの印象

全体的に浮いて、中もかなりしっかり焼けている。表面もきれいに色付き、焼きムラ
も少ない。食感もサクッと軽く仕上がっていて、口溶けもよい。周りは少し固く感じ
るところもある。チーズの部分はしっかり焼けて、焼きチーズの風味が感じられる。

※検証①〜検証④の焼成過程をP084で一覧にしています。

検証 2	コンビモード	温度 180℃	湿度 60%	風量 1	焼成時間 25分

風量を弱くすると パイ生地の浮き上がりはどう変化するか

検証のポイント

湿度を維持しつつ風量を弱めた場合の、生地の層の膨らみや焼き色への影響を検証する。

今回の設定選び

湿度は60%に保ち、風量のみを「4」→「1」に減少させた。風量を弱めて焼成時の層の形成や焼け方を調べるための設定だ。その他の要素は検証1のまま。

生地があまり浮かず 火は入っているが 焼き加減も足りない 焼きムラも出る

検証からわかったこと

風量を変えただけで、まったく異なる焼き上がりに。風量が弱いと、スチームを同じ量に設定しても熱の回り方が悪く、パイ生地の浮き上がりも弱くなる。3〜4分くらいで全体的に浮き上がってくるが、検証1と比べて色付きが進まず、膨らみも弱い。周辺部分から火が入っていったようで、中央部分が白っぽく、焼きムラがある。

断面

側面

15㎜

9㎜

焼き上がりの印象

あまり膨らまず、全体的に高さがない。色もあまりつかず、中は白っぽくて焼け残っている。チーズの部分も火があまり入っていないので、香ばしさが感じられない。

※検証①〜検証④の焼成過程をP084で一覧にしています。

検証 3	コンビモード	温度 180℃	湿度 20%	風量 4	焼成時間 25分

少ない蒸気と強風の設定では 生地の膨らみや食感はどう変わるか

検証のポイント

検証 1 と 2 において、よりよい焼き上がりだった検証 1 の風量「4」を基本にし、ここでは蒸気量を減らして、蒸気量の違いによる焼き上がりの変化を検証する。

今回の設定選び

検証 1 の数値設定を基準にし、湿度だけを減らす。「60%」を「20%」にして湿度を抑え、強めの風量を採用することでパリッとした仕上がりになることを予想。

均一に膨らむが 全体的に浮き上がりが弱い。 やや目の詰まった生地で チーズの風味を強く感じる

検証からわかったこと

均一に浮き上がるが、湿度を落としたことで、蒸気による生地への内圧が弱まり、焼成初期の膨張の勢いが足りない印象で、検証 1 と比べると浮き上がりが全体的に低め。その分パイ生地の層の間隔が狭いからか、中は全体的に火が入っており、風味も強い。

断面

側面

15㎜

10㎜

焼き上がりの印象

浮き上がりは少し低めで、見た目では検証1より小さめの印象に。中央がへこんで若干の焼け残りが確認できた。食べると生地は少し詰まった感じで、チーズのコクを感じやすい。風味はよい。

※検証①〜検証④の焼成過程をP084で一覧にしています。

検証 4	ホットエアーモード	温度 180℃	湿度 100%	風量 4	焼成時間 25分

「ホットエアーモード」に変更し 庫内の湿度を抜かない設定で焼くとどう焼けるか

検証のポイント

通常焼菓子に採用されるホットエアーモードでも焼き上がりを確認してみる。コンビモードの3パターンと比べて、焼成工程にどのような変化があるかも見てみる。

今回の設定選び

コンビモードの検証1を基準にし、ホットエアーモードに変更。オーブンでダンパーを閉めた状態と同じようになるように、湿度は100%に設定。

短時間で焼けて しっかり膨らみ 通常のパイらしい仕上がりに

検証からわかったこと

徐々に生地が持ち上がっていき、10分くらいでほどよく膨らみきる。早い段階から焼き色が付きはじめ、表面から焼けていっているのが見て取れる。パイ生地では、蒸気を加えるコンビモードよりもホットエアーモードの方が焼き上がりが早く、今回の検証用の時間設定だと長すぎた印象。商品化に向けては数分早めに出すとよいだろう。

断面

側面

焼き上がりの印象

検証1とほぼ同じくらいまで浮き上がった。少し焼き縮みが感じられる。検証1と比べると少し濃い焼き色に仕上がる。中までムラなくしっかり火が入っている。食べると少し詰まった感じがあり、少し焦げがつよい。水分が抜けているのでサクサク感はある。

※検証①〜検証④の焼成過程をP084で一覧にしています。

チーズパイの焼成過程

	2分	4分	6分
1 コンビモード 60%×風4			
2 コンビモード 60%×風1			
3 コンビモード 20%×風4			
4 ホットエアーモード 100%×風4			

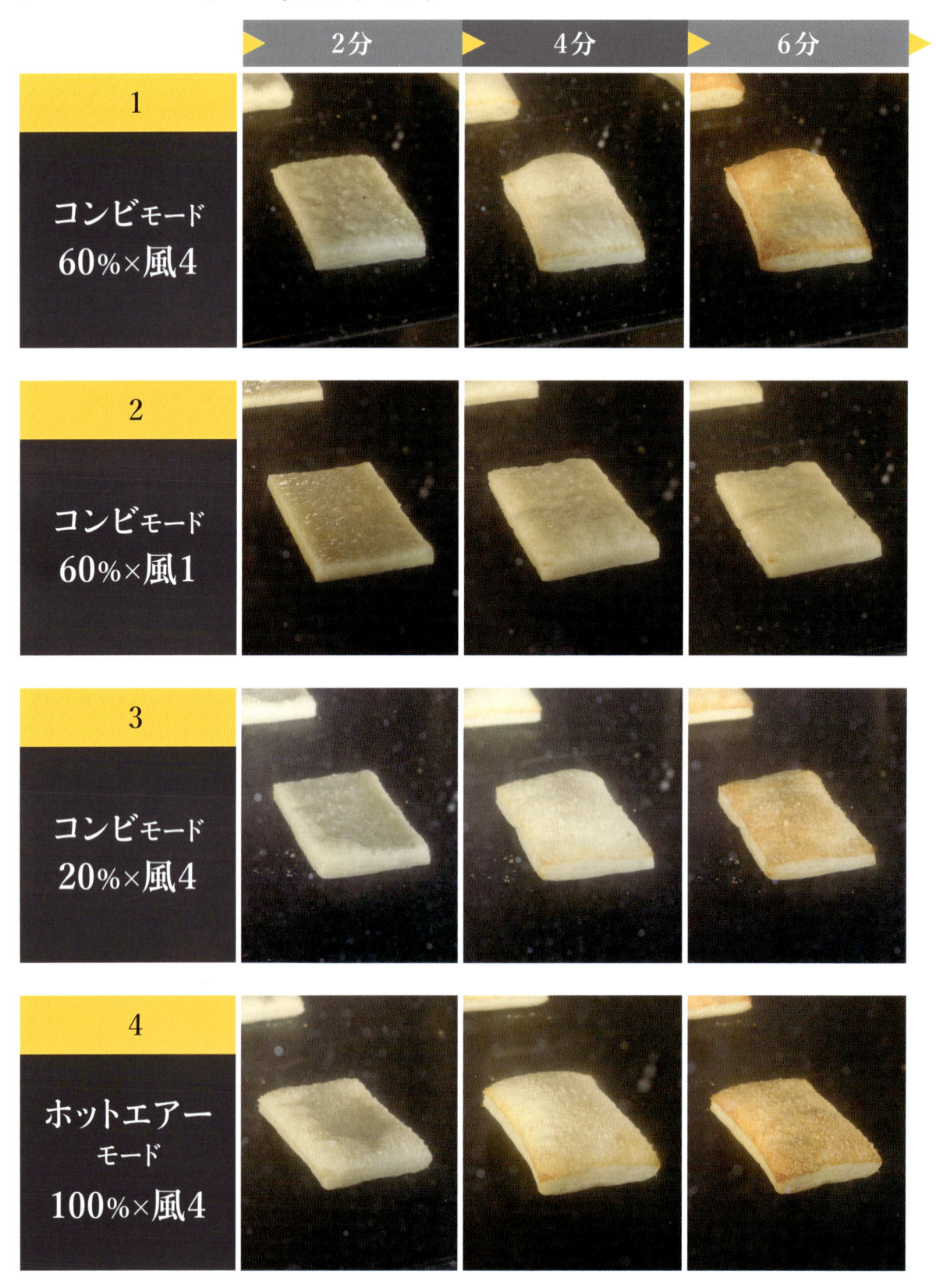

▶ 8分	▶ 10分	▶ 12分	▶ 14分

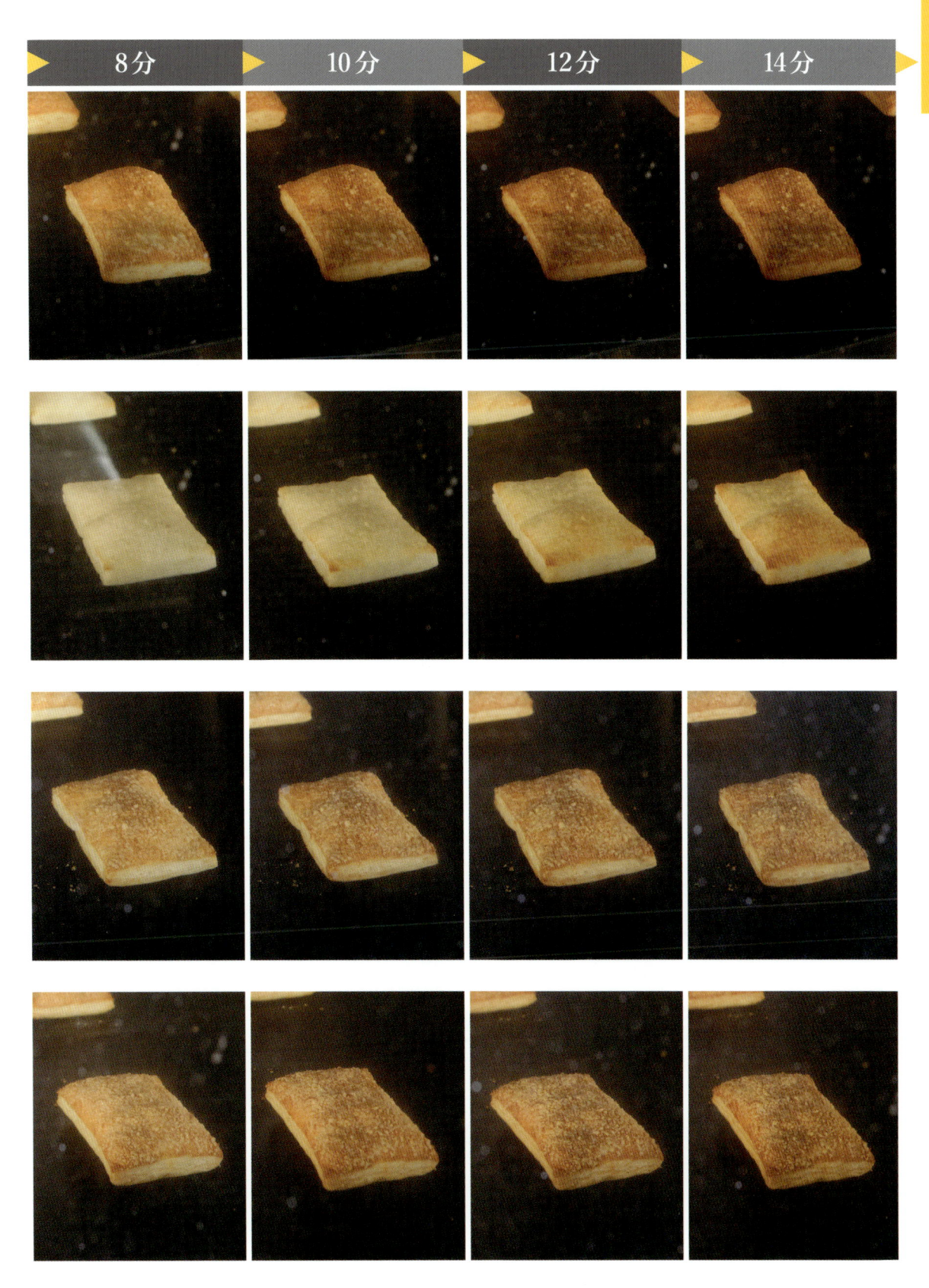

チーズパイの焼成過程

蒸気で広がる洋菓子の表現─「スチームベイク法」の考察

検証から見えたこと

　ジェノワーズはまず、コンビモードで湿度22％から検証を開始しました。この22％という数字は、1％ずつ調整して焼いてみて、オーブンに近い仕上がりに焼き上がった時の数値を基にしたものです。全般に、水分量の多い生地は蒸気量を高く、水分量の少ない生地は蒸気量を低く設定するなど、その生地に元々含まれている水分量に近い数値から始めると、上手く焼き上がることが多いように感じています。

　その後、湿度やスチコンのモードの違いなどによる焼き上がりの変化を検証していきました。蒸気を入れると浮き上がりやすくなりますが、蒸気を入れすぎると検証2のように、真ん中から急速に火が入ってまわりの生地が動きづらくなり、表面が爆発したように割れてしまいます。ただ、食べてみると見た目に反しておいしかったりする。必ずしも失敗ではありません。自分がその生地をどのように表現したいか、その指針を持って試行錯誤することが大事だと気付かされた検証でもありました。

　クッキーに関しては、経営面から考えて、大量に調理し、均一に火入れすることが求められるアイテムです。蒸気を入れて焼くことで、焼きムラがなく均一に焼き上がる。菓子店におけるスチコンの有効性を改めて感じる結果になりました。

　パイに関しては、蒸気と共に「風」を重視して検証しました。浮き方に加え、食感なども蒸気の量と風の強さで大きく変わります。自店で目指す仕上がりに合わせ、蒸気の量と風の強さをバランスよく調整するとよいでしょう。

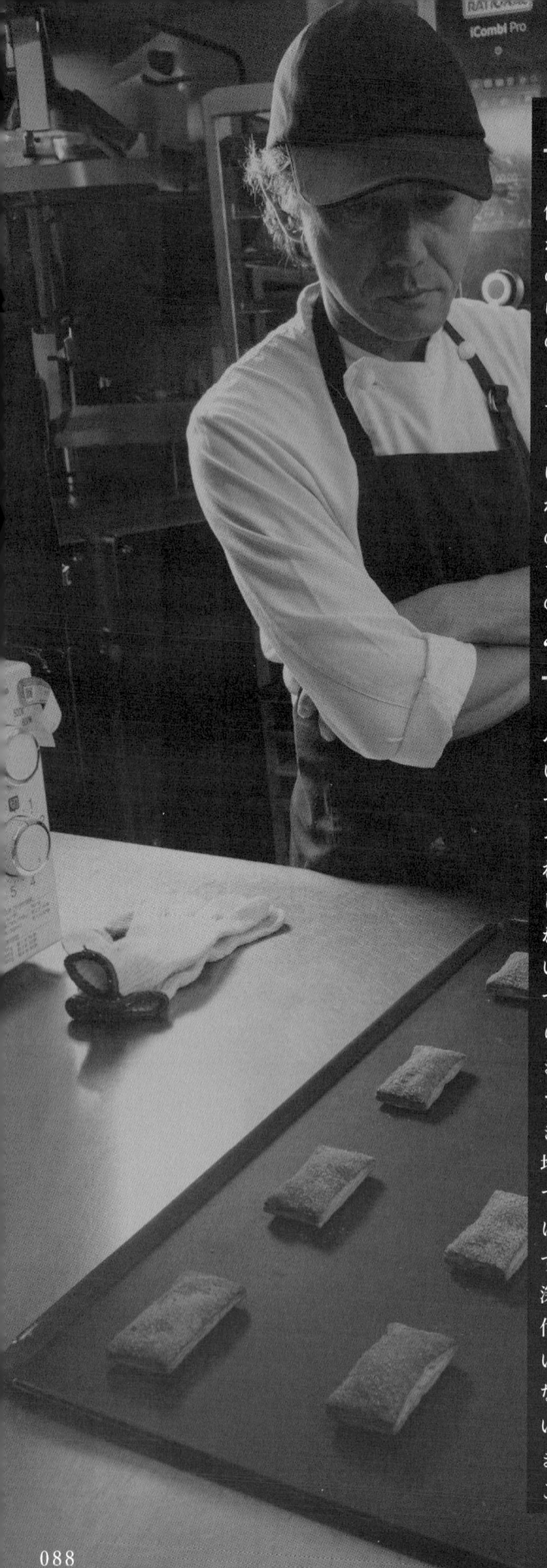

「デンプンの糊化」が食感に影響

　検証により、湿度が生地の焼き上がりに大いに関係すること、特に食感に大きな変化が出ることが分かりました。これは生地の構成要素が変化しているのでは。そう考えて、ある研究機関にスチコンで焼いたジェノワーズとオーブンで焼いたジェノワーズの分析を依頼したところ、食感の違いは生地中のデンプンが影響しているのではとの仮説を頂きました。デンプンは水と一緒に加熱すると粒が大きくなり、さらに加熱していくと粒が崩壊して糊化（α化）していきます。糊化が進めば進むほど、食感はモチモチ、ねっとりとなるのですが、今回オーブンで焼いたものは糊化があまり進んでおらず、スチコンではデンプンの粒が崩壊して糊化が進んでいるのではというのです。

"スチームベイク"という焼成法の提案

　今まで洋菓子の焼成法としては、オーブンやコンベクションオーブンを使い、元々その素材の持っている水分を使って焼いていくということがセオリーでした。あえて水分を加えて焼くということは教わっていなかったし、必要としていなかった。またそれでちゃんと洋菓子を作ることができていたのです。しかし水分調整ができるスチコンという新しい機器が出てきて、蒸気を当てながら高温で焼いていくという新しい調理法が生まれた。これまで風がない中で漠然と焼いていたものと、強制的に風を回しながら蒸気を入れて焼くのでは、加熱の意味が違ってきます。蒸気と風を使うことで、シフォンケーキのように落ち込んだり、縮んだりしやすかった生地を浮き上がったまま固定化したり、クッキーをムラなく均一に焼き上げたりできる。私としては、蒸気を当てながら焼くこの製法を「スチームベイク法」と名付け、これからより突き詰めていきたいと考えています。新しい焼き方というよりも、今までの焼成法を深く掘り下げた時に、蒸気という要素の重要性に気付いたという感じです。通常のオーブンしか持っていない場合でも、素材から出る蒸気を考慮して焼くなど、蒸気を意識するところから始めてみてください。私自身まだ「スチームベイク法」を確立できていませんが、これを探っていくことは、とても楽しいことだと思うのです。

CHAPTER 4

スチコン焼成の考え方

『アントレ』で実際にスチコンを運用して作るお菓子の焼成法と、自家製の材料づくりの活用法を2つのセクションに分けて紹介します。

SECTION 1

スチコン活用のお菓子

コンビモードを最大限活用した著者オリジナルの『スチームベイク法』で焼成するものをはじめ、スチコンから生まれたお菓子22品を掲載。蒸気を焼成に取り入れることで、これまでとは一線を画す、新しいお菓子の表情を引き出しています。

※焼成に関わる数値や表現は、著者が使用するスチコン(ラショナル「iCombo Pro 10-1/1」をオプションでフランス天板仕様の8段へ変更)での調理に基づく。また同メーカーの呼称に準じ、コンベクションモードをホットエアーモードと表記する。

強い風量と高めの蒸気量で、リンゴの水分を保持しながらサクサクに焼き上げる

紅玉林檎パイ

リンゴのおいしさを追求したシンプルな焼き菓子。リンゴを引き立たせるために、サクサクのパイ生地と風味豊かなクレーム・ダマンドを組み合わせた。パイの部分はサクサク、クレーム・ダマンドはふんわりと、リンゴはほどよい食感を残してしっとりと仕上げた。リンゴは紅玉を使用し、酸味と甘み、スチコンで焼き上げることで濃縮された旨みを楽しませる。

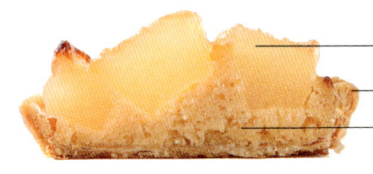

—— リンゴのシロップ煮
—— パイ生地（パート・ブリゼ）
—— クレーム・ダマンド

［材料］

アルミカップ（内径5.5cm×外径8cm×高さ2cm）
1個あたり

パイ生地（パート・ブリゼ）*1…14g
クレーム・ダマンド（P174参照）…20g
リンゴ（紅玉）のシロップ煮…50g

［作り方］

①アルミカップにパイ生地を敷き、クレーム・ダマンドを絞る。

②シロップ煮のリンゴをのせ、**スチコンで焼成する（次ページ参照）**。

①

*1 パート・ブリゼ

［材料］仕込み量

発酵バター…360g
薄力粉（増田製粉所「宝笠ゴールド」）…100g
中力粉（ニップン「ジェニー」）…400g
水…125g
酢…20g
塩…8g

［作り方］

①角切りにして冷凍しておいたバター、薄力粉、中力粉をフードプロセッサーにかけ、細かな粒子になるまで砕く。

②1をミキサーに入れ、水、酢、塩を加えながら練り合わせる。生地がまとまったら完成。

③2を厚さ1.7mmに延し、ピケしてからしっかり休ませる。生地が落ち着いたら、直径8cmの型で丸く抜く。

「紅玉林檎パイ」焼成の考え方

パイの身上はやはりパリッ、サクサクッとした食感だと思います。そこで風量を4と設定して、強めに蒸気を当てて焼成することでパイらしい食感に仕上げることを狙いました。風量が弱いと、生地に熱が届きづらいと思います。

さらにリンゴの乾燥を防ぐために、湿度を68%と高く設定しています。湿度を低く設定した時はリンゴがガリガリとした食感になってしまいました。

オーブンでは焼成に30分かかっていましたが、スチコンでは20分で焼き上げが可能。早く焼けるため、焼いている時にリンゴからパイ生地への水分移行がなく、リンゴはしっとり、パイ生地はサクサクに焼き上がります。さらにクレーム・ダマンドもふんわりと焼き上がり、全体のバランスもよくなりました。パイ生地にしっかり火が入っているので、焼き上がり後も水分が移動せず、リンゴとパイの食感がそのまま長続きするのもスチコンによるメリットです。

焼成プログラム

工程	モード	温度	湿度	風量	時間
2	コンビ	185℃	68%	4	20分

工程 1 のポイント

リンゴのシャキシャキ感と、表面の色付きを考慮し、湿度68%で風量4と強めに風を当てて焼いていく。10分ほど加熱すると、蒸気の効果でリンゴがしっかり加熱され膨らんでいく。

15分ほどたつと、リンゴの表面の糖分がカラメル化し、色付いてくる。中のクレーム・ダマンドや外側のパイ生地にもしっかり火が通っていく。

並べ方

通常、天板一枚に20個を互い違いになるように並べ、1～2段をセットして焼成。撮影時は12個で焼成した。

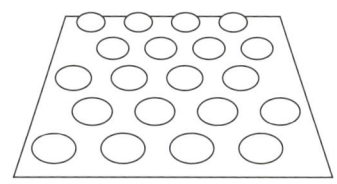

焼き上がりの評価

裏面も均一に色付き、しっかり火が通っている。サクサクとした食感が楽しめる。リンゴはしっとりしながら、型崩れせず程よい歯ごたえが残る。冷めてくると透き通った琥珀色に変化。

早生の国産栗の加熱と
生地の焼成にスチコンを活用した
風味豊かな名物モンブラン

丹沢栗の黄金色モンブラン

自然な栗の香りを最大限に生かし、とにかく栗の一番おいしいところを詰め込んで作った一品。サクサクのタルトとたっぷりの生クリームを組み合わせ、栗を引き立てる。

- 粉糖
- モンブランペースト
- ホイップクリーム
- 栗の甘露煮
- カスタードクリーム
- クレーム・ダマンド
- パート・シュクレ

▼ 蒸気量 中間（コンビ40〜80％）で焼成するお菓子 ── 丹沢栗の黄金色モンブラン

[材料] 20個分

パート・シュクレ*1…適量
クレーム・ダマンド（P174参照）…400g

モンブランペースト（P182参照）…1000g
ホイップクリーム*2…700g
栗の甘露煮…20個
カスタードクリーム（P174参照）…140g
粉糖…適量

[作り方]

① 一晩寝かせたパート・シュクレを、麺棒で3mmの厚さに延す。

② 直径7cmの丸型に1の生地を敷き、型に合わせて生地を抜く。

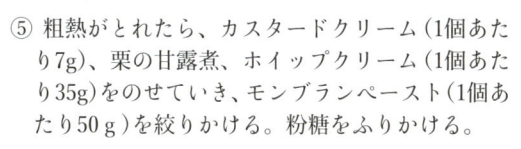

③ 1個あたり20gのクレーム・ダマンドを絞り入れる。

④ スチコンで焼成する（次ページ）。

⑤ 粗熱がとれたら、カスタードクリーム（1個あたり7g）、栗の甘露煮、ホイップクリーム（1個あたり35g）をのせていき、モンブランペースト（1個あたり50ｇ）を絞りかける。粉糖をふりかける。

*1 パート・シュクレ

[材料] 仕込み量

発酵バター…2700g
卵…900g
（全卵600g、
卵白300g）
粉糖…1650g
アーモンドパウダー
…600g
薄力粉（増田製粉所
「アモーレ」）
…4500g

[作り方]

① 薄力粉、粉糖、アーモンドパウダーをミキサーに入れ、バターを加えて軽くすり混ぜ、まとめる。

② 1に卵を加え、全体を混ぜ合わせる。

③ バットに2の生地を広げ、ひと晩寝かせる。

*2 ホイップクリーム

[材料] 仕込み量

生クリーム（明治
「フレッシュクリーム
あじわい40」40％）
…1000g
果糖…30g

[作り方]

① ミキサーに材料を合わせ、しっかり泡立てる。

「パート・シュクレ+クレーム・ダマンド」焼成の考え方

パート・シュクレにクレーム・ダマンドをのせて一緒に焼きますが、オーブンだと、クレーム・ダマンドに火が入りにくく、ねちっとした感じに焼き上がる傾向にあり、どちらもベストの状態に焼き上げるのが課題でした。

クレーム・ダマンドとパート・シュクレという異なる性質のものに両方ともしっかり火を入れるために、スチコンで蒸気量多めの湿度60％に設定し、熱を入れていこうと考えました。風量も強めの4に設定し、全体に熱を回していきます。

焼成時、クレーム・ダマンドも中まで浮き上がり、ふわふわとした仕上がりに。しっかり中まで火が通っているので、時間がたっても潰れたりせず、水分も出てきません。そのためパート・シュクレの方に水分移行も少なく、パイ部分のサクサクした状態が長く保たれます。

詰まった生地で中に火が入りにくいため、オーブンでは焼成に20分かかっていましたが、スチコンのコンビモードでは13分できれいにムラなく焼き上がります。

焼成プログラム

工程	モード	温度	湿度	風量	時間
1	コンビ	180℃	60%	4	13分

並べ方

天板1枚あたり20個（5個×4列を互い違いに）を並べる。

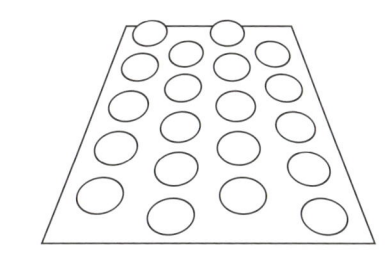

工程 1 のポイント

クレーム・ダマンドに火が入り、全体に浮き上がってくる。湿度を60%に設定し、風量も強く当てていることで、生地の持ち上がりがより早く、高く立ち上がる。

工程 2 のポイント

浮き上がった状態のまま焼き固まっていき、徐々に焼き色が付いてくる。

焼き上がりの評価

全体にムラなく色付き、裏側までしっかり焼き色が付いている。クレーム・ダマンドの部分までしっかり火が入り、ふわっと仕上がっている。焼成後も沈むことなくふんわりした状態。

コンビモードで焼くことで、
生地を寝かさなくても形よく膨らみ
歯切れのよいマドレーヌに

マドレーヌ

ホタテの貝殻を模したマドレーヌ型で作るスタンダードなマドレーヌ。オーブンだと乾燥気味に仕上がることも多いが、スチコンで蒸気を入れて焼くことでしっとりとした焼き上がりになる。生地の持ち上がりもよく、中央の膨らみ(テット)部分もしっかり持ち上がって焼きムラもなく仕上がった。

 ——マドレーヌ生地

[材料] マドレーヌ型

(長径7.5cm×短径4.5cm×高さ1.2cm)106個分

薄力粉(増田製粉所「宝笠ゴールド」)…500g
ベーキングパウダー…10g
アーモンドパウダー…50g
ビート糖…450g
全卵…500g
ハチミツ…100g
水あめ…50g
バニラペースト…10g
バニラエキストラクト(ナリヅカコーポレーション「バニラエキストラクト2018」)…20g
無塩バター…450g
乳主原クリーム(明治「ルミエージュ」18%)…50g
塩…2g

ONE POINT

食材は天然のものなので、卵の黄身と白身の比率が夏と冬では異なるなど、年間でみると品質に微妙な差が出てきます。その影響を受け、生地の浮き方が、ほんのちょっと変わってくる。フライパンで調理する時に微妙につよくあおるような感覚で、スチコンの蒸気量を数パーセント上下させるなど、スチコンの機能を微調整に活用するといいと思います。

[作り方]

①薄力粉、ベーキングパウダー、アーモンドパウダー、ビート糖をボウルに合わせ、全卵を少量ずつ加えながら混ぜ合わせる。

②ハチミツ、水あめはボウルに入れ、ヘラで混ぜ合わせておく。バニラペーストとバニラエキストラクトは、ボウルで合わせておく。

③1に2を加え、混ぜ合わせる。

④バターと乳主原クリームをボウルに入れ、レンジで40℃くらいに温めて溶かし、塩を加えて混ぜ合わせておく。

⑤3に4を加え、混ぜ合わせる。

⑥生地を絞り袋に入れ、型に絞る。1個あたり20g。

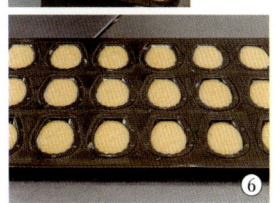

⑦スチコンで焼成する(**次ページ**)。

⑧型から抜き、粗熱をとる。

「マドレーヌ」焼成の考え方

　マドレーヌは油脂が多く重い生地なので、中まで火を通すには時間をかけて焼く必要があります。ですが一般的なマドレーヌのサイズでオーブンでしっかり焼こうとするとどうしてもパサついてしまいます。しっとりさせたいからと生クリームを加えるなど配合で工夫してみても、生焼けになったり膨らみが悪かったり。ですがスチコンで蒸気をうまく活用できればしっとり焼き上げられるのではと、スチコン焼成を念頭に開発したのがこの配合です。

　また、マドレーヌは通常生地を作ってしばらく寝かせてから焼成するのがセオリーです。生地を冷やしながら寝かせることで均一な状態になり、美しく膨らみます。逆に作りたての生地をオーブンで焼くと表面が凸凹して荒れやすく、テットが出にくい傾向にあります。この点も、スチコンで最初に蒸気を加えて加熱することで、生地を寝かさなくても均一に火が入り膨らみ良く焼き上げられると思いました。

　実際に生地を合わせた後すぐ焼成しても、短時間で中までしっかり火が入り、まるで寝かせた生地のようになめらかに、しっとりと仕上がりました。オーブンで焼く時より、焼成時間は約半分で、1割ほど多く浮きます。食感もより軽くなり、焼成後も生地落ちしません。

焼き上がりの評価
しっとり、ふんわりと焼き上がり、中までしっかり火が通っている。

焼成プログラム

工程	モード	温度	湿度	風量	時間
1	コンビ	170℃	50%	2	3分
2	コンビ	170℃	30%	2	6分

工程 1 のポイント

蒸気量高めで一気に加熱。ここで中まで過剰なほど
に熱量をためるイメージ。内側と外側からバランス
よく火が入っていき、均一に盛り上がっていく。

工程 2 のポイント

蒸気量が高いままだと、生地が爆発してしまうので
スチーム量を落とし、さらに焼き続ける。テットも
しっかりと盛り上がる。

並べ方

マドレーヌ用の連結した型を活用。風の力
を最大限使えるよう、スチコンに金網をさ
しこみ、その上に型を置く。

寝かせた生地も焼成

寝かせた生地を同様にスチコンで焼いたと
ころ、しっとりふんわりと焼き上がりまし
た。寝かせても寝かさなくても焼き上がり
は大きく変わりませんでした。

寝かせた生地では、室温で生地温度を少し
戻してから焼くと良いでしょう。一方で寝
かさない生地では、生地を絞りやすくする
ために少し冷やして扱いやすい状態にする
のがポイントです。生地を寝かすか寝かさ
ないか、また1回あたりの仕込む量や生地
の冷やし方はお店の環境や考え方によるで
しょう。オーブンであれば、それらの条件
によって膨らみに影響が出るところ、スチ
コンであれば影響を受けずに均一に焼くこ
とができ、寝かせ方に気を使うことも無く
なり、生地を仕込んだ流れで焼成できるの
は効率的だと感じています。

素材の高級感
ほどの新鮮素材を
ひとつひとつをこめて
アントレのシュークリーム
カスタードクリームのコク
バニラビーンズの甘い香り、
おいしい瞬間をお楽しみ下さい

菓子工房　アントレ

自家製の冷凍生地を、
蒸気の力で膨らみよく薄皮に
仕上げたシュークリーム

髙木シュー

地元産の卵と牛乳を使い、素材感をいかして仕上げたシュークリーム。シュー生地は
薄皮でごく軽く、中にはミルキー感のつよいカスタードベースのクリームを詰める。
クッキー生地をトッピングし、サクッとした食感も魅力に。

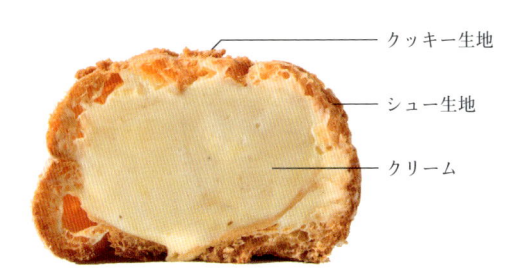

── クッキー生地

── シュー生地

── クリーム

[材料] 1個あたり

冷凍シュー生地*1…1
冷凍クッキー生地*2…1枚

カスタードクリーム(P174参照)…30g
生クリーム(中沢乳業「フレッシュクリーム42%」
42%)…20g

[作り方]

①冷凍シュー生地を天板に並べ、3割ほど解凍した状
態で一個ずつ冷凍クッキー生地をのせる。7割ほど
解凍できたら**スチコンで焼成する(次ページ)**。

②スチコンから取り出し、粗熱を取る。

③カスタードクリームと10分立ての生クリームを
6:4の割合で合わせる。2のシュー生地に絞り入
れる。

*1 冷凍シュー生地

[材料] 仕込み量	
A	水…600g
	牛乳…1500g
	無塩バター…1350g
	ビート糖…160g
	塩…38g
	綿実油…80g
薄力粉(ニッブン「アンシャンテ」)…1800g	
全卵…3550g	
卵白…450g	

[作り方]

①材料Aを手鍋に合わせて
火にかけ、沸騰させる。

②ふるっておいた薄力粉を
加え、83℃になるまで水分
を飛ばしつつ炊いていく。

③ボウルに全卵と卵白を合
わせ、3回くらいに分けて
2に加え、混ぜ合わせる。

④生地を絞り袋に入れ、1個
あたり20gで絞る。その後
冷凍保存する。

*2 冷凍クッキー生地

[材料] 仕込み量

綿実油…600g
無塩バター…2000g
ビート糖…1750g
牛乳…500g
薄力粉(ニッブン「アンシャンテ」)…3250g

[作り方]

①綿実油とバターを合わせる。さ
らにビート糖を加えて混ぜ合わ
せる。

②温めた牛乳を、1に少量ずつ加
えながら混ぜ合わせていく。

③薄力粉を加え、混ぜ合わせる。ま
とまったら麺棒で厚さ2mmに延
し、直径4cmの型で抜き、急速冷
凍をかけて保存する。

「シュー生地」焼成の考え方

　スチコンのコンビモードで蒸気を加えて全体を均一に温めてから、高温で一気に加熱することで、生地が勢いよく立ち上がり、中までしっかり焼けつつきれいな空洞が出来上がります。オーブンで焼成する時よりも爆発的に膨らむため、生地の量は以前より1割ほど減らしましたが、ほぼ同じ大きさに仕上がっており、失敗も少ないです。
　仕上げに庫内の湿度を落として焼くことで、外側をカリッとさせます。生地の内側は詰めるカスタードクリームとの相性を考慮し、もちっとした感じに焼き上げています。

焼成プログラム

工程	モード	温度	湿度	風量	時間
1	コンビ	100℃	100%	1	3分30秒
2	コンビ	110℃	100%	1	3分
3	コンビ	120℃	100%	1	2分30秒
4	コンビ	170℃	100%	1	30秒
5	コンビ	190℃	100%	2	20分
6	コンビ	180℃	70%	1	1分

並べ方

天板1枚に20個を互い違いに並べ、最大4枚(80個)を1段おきに差し込んで焼成。

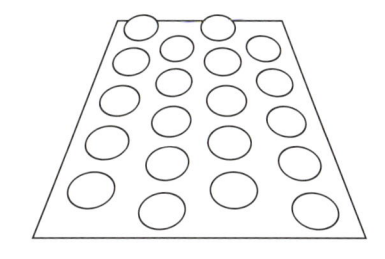

工程 1 のポイント

クッキー生地などと比べて厚みがある生地なので、内側と外側の温度がかなり異なる。外側からのみ加熱すると、中の生地が浮き上がりにくくなる。そのため湿度100%で蒸気をいれながら、生地全体の熱量を徐々に上げていく。

工程 2・3 のポイント

全体が均一に温まった状態になってから、湿度100%のまま温度を徐々に上げていく。生地に水分を入れながら、生地の温度もどんどん上がっていき、全体が同じくらいに温まっていく。これが浮き上がりに影響する。

工程 4 のポイント

工程5で190℃に温度を上げるが、工程3の120℃から一気に上げてしまうと生地への負担が大きいと考え、170℃で30秒焼く工程を差し込む。さらにここで、追加で蒸気(ワンプッシュ×2)を入れ、より水蒸気量を高めている。そうすることでより生地の浮き上がりを促進。

工程 5 のポイント

高温に設定。10分ほど加熱すると、蒸気により圧がいっぱいにかかった状態の生地が、どんどん膨らんでいく。

後半は、立ち上がり切った生地を色付け、焼き固めていく。

工程 6 のポイント

膨らみ切って色付いてきた生地を、湿度を落とした状態で1分焼き、表面を少しカリッとさせる。

焼き上がりの評価

表面は薄皮で、カリっと焼けた状態。中は粉がアルファー化し、非常に口溶けよくしっとりと仕上がり、空洞もしっかりと空いた状態に。

序盤に蒸気を
加えて焼くことで
ホロホロの軽い食感に

アーモンドクッキー

水分を飛ばして焼き切るものというクッキーづくりの常識を打ち破り、蒸気で生地に水分を加えてから焼き上げることで、全体に均一に火を通し、ムラのない焼き上がりに。生地の立ち上がりもよく、ホロホロした軽い食感が魅力だ。

アーモンドスライス

クッキー生地

[材料]
P063参照

[作り方]
P063参照

※スチコンでの焼成方法は次ページ

ONE POINT

クッキー生地は、サラサラした粉感を求めて粗挽きタイプの薄力粉(増田製粉所「アモーレ」)を使用。成型しにくい生地ですが、成型機を使って棒状に延ばしています。こうすることで焼き上げた時にサクサクした食感に仕上がります。

アレンジメニュー
クッキーのバリエーション

クッキーは他に、プレーン、チョコチップ、チョコレート、ヘーゼルナッツチョコレート、アーモンド、ココナッツ、マカデミアンナッツ、紅茶、チーズ、抹茶の全10種類を展開。

ONE POINT

クッキーは基本的に同じ条件で焼成するが、抹茶など加熱時に色が落ちやすいものは、最後の工程で温度を低めにして色を残したり、2, 3分早めにスチコンから出しています。また、バターの風味を残したいものも、焼き色をあまり付けずに白っぽく仕上げています。

「アーモンドクッキー」焼成の考え方

生地全体の熱を同じように上げることで焼きムラを防ぐことができるため、最初にコンビモードで蒸気を加え、全体に均一に温度を上げます。その後ホットエアーモードに切り替えて焼ききっていきます。周りから焼き上げていくオーブンとは異なり、全体に均一に火入れができ、中の焼き残りもなくなります。

その後、ホットエアーモードにしてから3工程に分けて細かく湿度、温度を調整するのは、ムラなく焼き上げたいからです。風4で風を回して乾燥をあおりつつ火入れしていきます。これも焼きムラをなくすための焼き方です。

終盤で、焼き色を付けるため160℃に温度を上げて仕上げます。ただ高温にするとムラができやすいので、最後は150℃まで温度を下げ、予熱で色を付けていきます。

焼成プログラム

工程	モード	温度	湿度	風量	時間
1	コンビ	155℃	50%	4	1分
2	ホットエアー	155℃	100%	4	13分
3	ホットエアー	160℃	20%	4	8分
4	ホットエアー	150℃	10%	4	3分

並べ方

天板1枚に30個（6個×5列を互い違いに）を並べ、通常一度に8段分を焼成する。

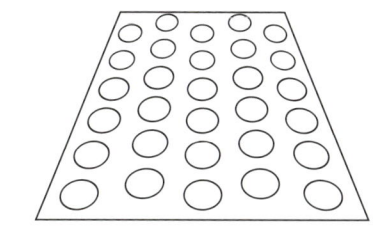

工程 1 のポイント

最初にコンビモードで短時間、蒸気をあてて、全体をさっと均一に加熱する。蒸気によってクッキー全体が湿った感じになる。

工程 2 のポイント

ホットエアーモードに切り替える。設定は、オーブンで例えるとダンパーを閉めて庫内の湿度を保ちつつ、徐々に乾燥させながら焼いていくイメージ。外側と中心が同じように火が入っていき、オーブンで焼いていた時よりもよく膨らむ。

工程 3 のポイント

じわっと火を入れて、焼きムラなく色を付けていく工程。ダンパーを少し締めるイメージの湿度設定で、風も回し乾燥をあおりつつ火入れをしていく。焼き色を付けたいので温度は160℃に上げる。温度をもっと高くしても焼けるが、外側と中の焼きムラが出やすくなる。

工程 4 のポイント

予熱で焼き色を付けるイメージで温度を少しだけ下げる。一度に焼く枚数によって色付きのスピードは変わる。例えば枚数が少ない場合は早く焼けるので、早めに取り出すなど、焼き色を確かめながら出すタイミングは調整する。

焼き上がりの評価

クッキーで一番大切なのは全体が均一に焼けていること。また蒸気を入れて焼くことで、アーモンドとバターの香りが生地に閉じ込められて、風味が強く出るようになった。

水分と油脂分多めの配合でも、蒸気でじっくり焼成し、なめらかさを出す

[材料] パウンド型（18.5cm×8cm×高さ5cm）1台あたり

チーズアパレイユ（仕込み量・約17台分）

薄力粉（ニップン「アンシャンテ」）…109g
コーンスターチ…36g
ビート糖…1210g
塩…30g
全卵…1028g
クリームチーズ（タカナシ乳業「北海道
クリームチーズ」2kg/ベル ジャポン
「キリ クリームチーズ」1700g）…3700g
生クリーム（中沢乳業「フレッシュ
クリーム42%」42%）…2540g
ここから500gを使用

レモンのクリーム*1…5個
カシスムース*2…5個
クッキー*3…適量
ナパージュ…適量
粉糖…適量

濃密テリーヌフロマージュ

テリーヌらしく濃厚な味わいに、焼き目の香ばしさを加えたベイクドタイプのテリーヌチーズ。上にクリームをトッピングし、軽さを演出。トッピングのクリームは、今回のレモンとカシスのクリームの他、季節に合わせて変化させることで季節感を取り入れている。

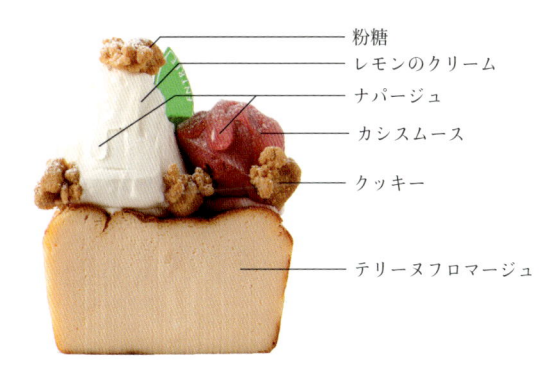

- 粉糖
- レモンのクリーム
- ナパージュ
- カシスムース
- クッキー
- テリーヌフロマージュ

[作り方]

① 薄力粉、コーンスターチ、ビート糖、塩を混ぜておき、溶いた全卵を少しずつ加えて混ぜ合わせる。

② クリームチーズに1を少しずつ加えて、できるだけダマにならないように混ぜていく。馴染んできたら、生クリームを加えて軽く混ぜる。

③ 2を裏漉しし、ダマがあったらきれいに潰す。

④ 3をさらにフードプロセッサーにかけ、滑らかになったら完成。ひと晩寝かせてから使用する。

⑤ 型に1台あたり500gを流し入れる。

⑥ **スチコンで焼成する（次ページ）。**

⑦ 冷やし固めた後、5等分にカットし、各クリームやクッキー、ナパージュ、粉糖で飾りつけて完成。

*1 レモンのクリーム

[材料] 仕込み量
レモンチョコレート
（フリーズドライのレモン入りチョコレート）
…500g
牛乳…200g
水…50g
乳主原クリーム（明治「ルミエージュ」18%）
…35g
生クリーム（明治「フレッシュクリームあじわい40」40%）
…550g

[作り方]
① レモンチョコレートを溶かす。

② 牛乳と水を合わせて沸かし、1を加える。ハンドミキサーにかけ、乳化させる。

③ 2を100g分取り分け、乳主原クリームを加えて混ぜ合わせ、乳化させる。2を加えてさらに混ぜ合わせる。

④ 生クリームを温め、3に加えて混ぜ合わせる。

⑤ 円錐形のフレキシパンに1個あたり16g入れ、冷やし固める。

*2 カシスムース

[材料] 95個分
カシスピューレ
（日仏商事「レ ヴェルジェ ボワロン」）…300g
ビート糖…150g
ゼラチン…12g
レモン汁…10g
オレンジリキュール
（ドーバー洋酒貿易「ソミュール」）…5g
生クリーム（明治「フレッシュクリーム35」35%）…450g

[作り方]
① カシスピューレ、ビート糖、戻したゼラチン、レモン汁、オレンジリキュールを混ぜ合わせる。

② 生クリームを7分立てにし、1に加えてさっくり混ぜ合わせる。

③ 球形の型に1個あたり10gずつ入れて冷やし固める。

*3 クッキー

[材料] 仕込み量
無塩バター…200g
ビート糖…200g
アーモンドパウダー…200g
薄力粉（ニップン「アンシャンテ」）…200g

[作り方]
① 材料すべてを混ぜ合わせ、フードプロセッサーで撹拌する。

② 細かくした生地を天板に並べ、**スチコンのホットエアーモード（160℃・湿度100%・風3）で15分焼成する。**

「テリーヌフロマージュ」焼成の考え方

　これはスチコンを導入してから開発した商品です。水分量が多く流動性が高い生地で、オーブンだと中心に火が入りにくく、焼成時に浮き上がってもその後大きく落ち込むため、商品化に向かないと感じていました。

　しかしスチコンのコンビモードで蒸気を加えながら焼くと、火が入りやすく落ち込みもそこまで大きくない。全体に色付きを薄く、均一に仕上げるため、湿度をやや高めに設定しています。

　急激に火を入れると、表面が割れてしまうことも多くなり、焼成完成後の落ち込みが激しくなります。そこで前半は160℃でじっくりと火入れしていきます。

　生地をあまり浮かせたくないので、風量は2に設定しました。風量1でも焼けますが、その場合表面の色がより白っぽく仕上がります。

　仕上げは表面にほどよく焼き色を付けるためホットエアーモードに変更し、湿度は高めにキープすることで落ち込みを防いでいます。もしもっと生っぽく仕上げたいなら、温度を160℃くらい、風量2くらいに落としてもよいでしょう。その場合、表面はもっと白っぽく、チーズのコクのつよいテリーヌに仕上がります。

焼成プログラム

工程	モード	温度	湿度	風量	時間
1	コンビ	160℃	60%	2	30分
2	ホットエアー	180℃	80%	3	8分

工程 1 のポイント

色をあまりつけたくないので、蒸気を加えつつやや低めの温度でじっくりと焼成。また、生地を浮かせたくないので、風量は2に設定。25分ほどで生地は膨らんできているが、まだ芯の部分に火が入りきらず、中心部分が少しくぼんでいる状態。

工程 2 のポイント

ホットエアーモードである程度湿度を保ちつつ、高温で短時間焼成。表面に程よく焼き色が付いていく。

並べ方

風抜けが良くなるよう金網を用い、その上にテリーヌ型を平行に3個並べる。2段で焼成。

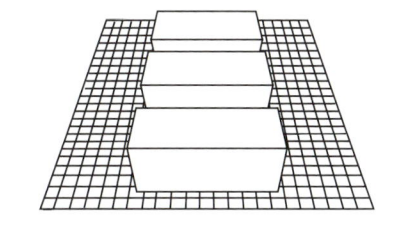

テリーヌ型は、下の方がすぼまったオリジナルの特注品を使用。火の当たりがつよい底面の面積を減らし、全体に均一に火が入っていくように工夫したもの。

ONE POINT

テリーヌは台数を増やすと庫内の水分量が上がって生地が浮きやすくなるので、風力を下げ、湿度も下げるなど微調整が必要です。

また今回、風が抜けるように金網を敷いていますが、生地が浮き上がりやすく、表面が色付きやすくなります。金網を天板に変えると、生地があまり浮かずに表面が平らで、クリーミーに仕上がります。下に敷く金網や天板によっても浮き上がりや表面の色が変わるので、自分がどのように仕上げたいかによって調整してください。

焼き上がりの評価

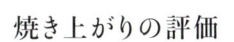

表面にやや割れ目は入っているが、中までしっかり火が入っている。粗熱を取った後も、生地は沈み込まずに歩留まりがよい。

モード違いの焼成で
異なるチーズの味わいに

アレンジメニュー

ベイクドチーズタルト

「濃密テリーヌフロマージュ」(P110) と同じアパレイユを使いながら、こちらはホットエアーモードのみで焼成し、食感と風味の違いを楽しんでもらう。タルト生地は焼き込んで風味よくサクサクに、中のチーズアパレイユはしっとりクリーミーに焼き上げる。冷凍で販売しており、半解凍状態でアイス風に食べるのもおすすめ。

——— チーズアパレイユ
——— パートシュクレ

[材料] 丸型(直径7cm)1個あたり

タルトカップ(仕入れ商品)…1個
チーズアパレイユ(P110)…55g

[作り方]

①タルトカップにチーズアパレイユを流し入れる。
②スチコンで焼成する(右段参照)。

①

焼成プログラム

工程	モード	温度	湿度	風量	時間
1	ホットエアー	190℃	100%	3	3分
2	ホットエアー	190℃	100%	4	6分
2	ホットエアー	205℃	100%	4	3分

工程 1 のポイント

浮き上がりを抑えるためにホットエアーモードを選択。生地が緩いため、こぼれないように風量は3に抑えておく。

工程 2 のポイント

生地の表面がある程度固まったら、風量を4に上げ、全体に火を入れていく。周りから焼き固まる。

工程 3 のポイント

焼き色を付けるため、さらに温度を上げる。中身はまだ液体状態で、ふつふつと煮立っている。

表面に焼き色がほどよくついた焼き上がり。タルトはサクサク。アパレイユにもしっかり火が入りながら、しっとりクリーミーでとろとろの状態。

生地とクリームが同時にほどけるような食感が魅力のロールケーキ

[材料] 1台あたり

ロール生地*1…560g
ホイップクリーム*2…330g
粉糖…適量

[作り方]

①天板にシートを敷き、生地を1台あたり560g流し入れる。

②表面を均等にならす。焼成時に自然に平らになるので、生地に余分な負荷をかけないように、端部分なども寄せる程度にとどめる。

③スチコンで焼成する（P118参照）。

④型から外し、粗熱を取り除いた後、ブラストチラーで冷やす。

⑤生地に一面にクリームを均一に塗り、巻き上げる。力を入れて触ったり持ち上げようとすると型崩れするほど繊細な生地なので、優しく手早く行う。

⑥ロールを11等分にカット。粉糖をふる。

生髙木ロール

しっとりして口溶けがよく、すっと消えるようなはかない食感が魅力のロールケーキ。従来のオーブンによる焼成生地との違いと両方の魅力を提案するため、商品名に"生"とつけて発売することに。今ではそれぞれにファンが付き、食べ比べを楽しむ人も多い。作る際は生地をまとめて仕込み、スチコンとオーブン両方で焼き分けている。

粉糖
ロール生地
ホイップクリーム

*1 ロール生地

[材料] 仕込み量・天板（30cm×40cm）8枚分
全卵…2400g
上白糖…1000g
ビート糖…475g
薄力粉（ニップン「モントレ」と
ニップン「シルエット」を同割り）…820g

[作り方]

① 材料をミキサーボウルに合わせ、ミキシングする。生地が立ち上がってくるまでは高速で撹拌。生地が白っぽくなってきたら、より均一な生地になるように、ミキサーを低速で回す。

② ボウルの底を氷水で冷やしながら、粉を加え、手早く混ぜ合わせリボン状にする。

※通常8枚分の生地をまとめて作り、スチコンとオーブンで焼き分ける。その日の売れ行きを見て、4枚もしくは2枚をスチコンで焼成する。

ONE POINT

生地を撹拌する際、『アントレ』ではREGOのミキサーで1時間40分かけて撹拌し、非常にきめ細かな気泡の生地を作ることで、浮き上がりが均一でやわらかくふんわりした生地に仕上げています。他社のミキサーを使う場合、同じように撹拌すると生地がダレて立ち上がらなくなってしまう恐れがあるので、時間を短縮するなど調整してください。

*2 ホイップクリーム

[材料] 仕込み量
乳主原クリーム（中沢乳業「ナイスホイップV」40%）…1000g
生クリーム（明治「明治フレッシュクリーム醇47」47%）…1000g
果糖…120g

[作り方]

① ミキサーに材料を合わせ、中高速でしっかりと立ち上げ、中速に落としてしばらく撹拌し、仕上げに中低速に落としてきめ細かいクリームに仕上げる。

「ロール生地」焼成の考え方

『アントレ』のロールケーキは、中のクリームとの相性も考え、やわらかさを重視して生地のレシピを開発しました。粉の量が少なく生地の厚みもあり、火の入れ方が難しい生地です。もともとはオーブンで焼成していましたが、もっとしっとり感を出したいと考え、スチコンのコンビモードで焼成してみました。すると食感や歯切れのよさの質が変わり、さらに口溶けがよい生地になりました。いまはオーブンとスチコンで焼き分け、従来のオーブン焼きを「高木ロール」、スチコンで焼いたものを「生高木ロール」として販売しています。

湿度や温度の設定に関しては試行錯誤しました。最初湿度30％に設定したのですが、中はしっとりするものの表面がべたつく感じがあり、焼成後表面に紙を巻く工程があることもあって気になりました。そこで20％、18％と湿度を落としていき、16％に行き着きました。焼成温度も色々試し、ほどよく生地が浮き上がって、表面はしっとりしながらほどよく乾くという、170℃がベストの組み合わせだと感じました。

しかしこの生地は、季節による変化の影響を大きく受けます。湿度16％で焼成温度170℃、焼成時間16分がベストだったのは、湿度の高い夏のこと。乾燥する冬になって表面が乾燥気味だと感じ、改めて検証し直したところ、湿度30％で170℃、15分焼成でベストの状態に焼き上がりました。今後も季節による影響を考慮し、調整を続けていくつもりです。

焼成プログラム

工程	モード	温度	湿度	風量	時間
1	コンビ	170℃	16%	3	16分

工程 1 のポイント

撮影時は、一度に4台分を焼成。同店のスチコンでは一度に8台まで焼くことができるが、その場合今回のレシピより火の入りが遅くなる。その場合微調整が必要。

均一に立ち上がって膨らみ、きれいに色ムラなくほどよく色付く。

並べ方

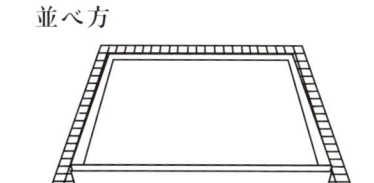

金網をセットして風通しの良い棚を作り、生地を流した天板をのせる。天板は2枚重ねた状態にし、主に天面から火を入れて、下面の火入れは遅らせて、色付けしないように工夫。

オーブン焼成との生地の比較

オーブンで焼成した生地

元祖「髙木ロール」の生地。オーブンにて上火180℃、下火160℃で10分焼いた後、上火200℃、下火160℃で5分焼成。ふんわりとしながらもスチコンで焼成したものより、目が粗めで食感はしっかりしていて、張りと弾力があります。卵の風味がより際立ちます。

スチコンで焼成した生地

スチコンで焼成したものは、生地の目が細かく、しっとりとしてとてもやわらかな仕上がり。口の中ですっと消えるような口溶けが特徴的です。新生「生髙木ロール」として展開しています。

スチームの活用で、
油脂が多めの生地を
ふんわりとリッチに焼き上げる

栗心
くりごろ

バターたっぷりの懐かしい味わいのマドレーヌ生地と、日本人が大好きな栗を組み合わせた定番人気の一品。割ると中から大きな栗の甘露煮がごろっとあらわれる。生地は油脂が多めの本来は重いタイプだが、スチコンで焼成することでふっくらと軽く、かつしっとりとしたリッチな味わいに。栗にも水分を留めてしっとりと仕上げている。

— マドレーヌ生地
— 栗の甘露煮

[材料]　丸型（直径6.5cm×高さ2.5cm）1個あたり

マドレーヌ生地（一晩寝かせたもの）*1…30g
栗の甘露煮…1個

ラム酒…適量

[作り方]

①型に生地を流し込み、中央に栗の甘露煮を入れる。
②スチコンで焼成する（次ページ参照）。
③粗熱がとれたら、ラム酒をスプレーでふきかける。

*1 マドレーヌ生地

[材料]　仕込み量

全卵…1000g
ハチミツ…60g
塩…4g
ビート糖…650g
トレハロース…180g
薄力粉（ニップン「アンシャンテ」）…900g
ベーキングパウダー…14g
アーモンドパウダー…270g
無塩バター…1000g

[作り方]

①全卵、ハチミツ、塩を合わせ、塩を溶かしながらひと肌まで温める。
②粉類をすべてミキサーに入れる。
③2に1を少量ずつ注ぎ入れながら、高速のミキサーで全体がなじんで少し白っぽくなるまで2〜3分撹拌する。

④バターを40℃まで温めて溶かしておく。
⑤ミキサーを低速で回しながら、4を少量ずつ加える。

⑥全体が混ざったら、粗めのざるで裏漉しし、ひと晩寝かせてから使用。

「栗心」焼成の考え方

油脂が多く重い生地を、浮かせながら火を入れていきたい。そのために導き出したのが、コンビモードで湿度30％の設定でした。

このお菓子は真ん中に大きな栗を入れるので、それが加熱の際に壁となり、周りの生地に火が入りにくくなります。オーブンでは生地にしっかり火を入れるために28分焼く必要があったのですが、それでは栗が固くなってしまうことが課題でした。

スチコンで蒸気と風を入れて焼くことで、焼成時間を18分に短縮できるうえ、栗もホロっとした状態に仕上げられるよう

に。生地もより浮いてその分軽く仕上がり、サイズは大きくなり、食感もより良くなりました。

またコンビモードで焼成することで、最大8段分を一気に焼いても、焼きムラなくきれいに仕上がります。

栗の他にも、梅やイチヂクなどでのアレンジも可能です。その場合は素材の持つ水分量が変わるので、水分量が多ければ湿度を下げるなどの調整が必要になります。また生地を入れる容器の素材によっても、焼成時の立ち上がり方は違ってきます。色々と試行錯誤してみてください。

焼成プログラム

工程	モード	温度	湿度	風量	時間
1	コンビ	170℃	30%	3	18分

並べ方

天板1枚に20個（5個×4列を互い違いに）を並べ、最大8段分で焼成する。

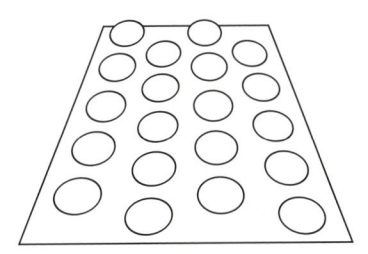

工程 1 のポイント

真ん中に入れた大きな栗の水分を維持しつつ、油脂分が多く重い生地を焼いていくために、ほどよく蒸気を入れながら焼成。風を回して生地を浮かせていく。

5分ほどで生地が立ち上がってくる。そのまま徐々に生地に火が入っていく。

徐々に表面が固まり、浮きが少し沈んで、表面が色付いてくる。栗をのせた部分は沈み込んだまま。だがその下の生地にも火がしっかり入っていっている。

焼き上がりの評価

栗の水分が抜けずに残り、ホクホクした状態を保っている。生地に生焼けのところはなく、中まで火が入っている状態。底面までしっかり色が入りつ、ほどよくしっとりと焼き上がっている。

油脂と空気が多い生地に、中まで火を入れ、沈み込まない湿度を調整

船橋の里（蜂蜜）

バターケーキの生地をカップに入れて焼き上げた、日本の昔懐かしいスタイルのマドレーヌ。バターたっぷりの、カップに入れないと流れてしまうような緩い生地を、しっとりふわふわに焼き上げた。写真の「蜂蜜味」は、アカシアのハチミツを生地に練り込んでいる。

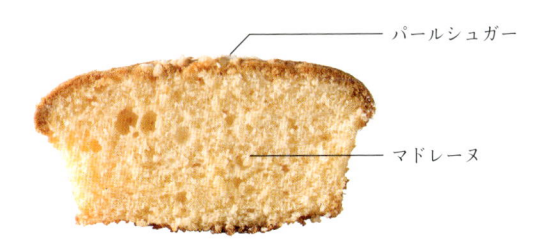

パールシュガー

マドレーヌ

[材料]

丸型（直径6.5cm×高さ2.5cm）135個分

全卵…1200g
ビート糖…1320g
水あめ…90g
ハチミツ…85g
薄力粉（増田製粉所「宝笠ゴールド」）
…1080g
アーモンドパウダー…180g
ベーキングパウダー…7.5g
無塩バター…1080g
パールシュガー（ナリヅカコーポレーション
「パールシュガー C30」）…適量

[作り方]

① 全卵、ビート糖、水あめ、ハチミツをミキサー（REGO）にかけ、中低速から中速で撹拌し、もったりとするまでしっかりと立てる。

② バターを45〜50℃に加熱し、溶かしておく。

③ 薄力粉、アーモンドパウダー、ベーキングパウダーをふるい、ミキサーで合わせる。

④ 1に3を入れ、しっかりと混ぜ合わせる。

⑤ 4に2を加え、さらに混ぜ合わせる。

⑥ 紙の型に、5を九分目まで流し込む。パールシュガーを表面に散らす。

⑦ スチコンで焼成。

125

「船橋の里」焼成の考え方

　このマドレーヌ生地は、もともとオーブンで25分以上かけて焼成していました。焼き上がりはふっくらしているが乾燥もしており、食べた時パサつき感が残りやすい。そこで同じ配合のまま、コンビモードで蒸気を当てることで、しっとり感が残るように仕上げたいと考えました。

　色々な生地のお菓子を焼いていく中で、このタイプの流動性の高い生地は、蒸気量は湿度25〜30%くらいでまず探っていくのがよいと発見しました。バターも多いが、空気も多く含み軽さもある。浮きがいい生地なので、その分中が焼け残り、沈み込んでしまうこともあるのですが、蒸気を入れることで短時間でも中にしっかり火が入っていき、生地が落ち込むこともなく、結果的にオーブンより8分ほど早く焼き上げることができました。

焼成プログラム

工程	モード	温度	湿度	風量	時間
1	コンビ	165℃	30%	3	18分

並べ方

今回は天板1枚に33個を互い違いに並べ、2段分を焼成。最大量を焼く際は一度に4段分を焼成。

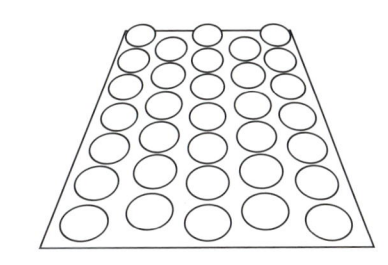

工程 1 のポイント

生地を立ち上げながら焼ききりたいため、蒸気を入れつつ風もやや強めに回す。4分ほどで膨らみ始める。全体に立ち上がり、真ん中部分が少しへこんだ状態。5分後、さらにカップのフチから真上に立ち上がった状態で膨らんでいく。

8分ほどで膨らみきり、徐々に表面に焼き色が付いてくる。

13分ほど経過。徐々に全体に焼き色が付いてくる。少しぷっくりと浮いている形がベスト。中央がくぼんでしまわないように蒸気量を調整。湿度の高い夏は湿度27%ほど、逆に湿度の低い冬は湿度32%など、蒸気量を調整してみてもよいだろう。

焼き上がりの評価

カップの底部分までムラなく焼き上がっている。大きく膨らんだ後、それほど沈まずに、中までふんわりとしている。生地はバターも多く、しっとりとした食感。

強めの熱風でしっかり膨らませた
濃厚かつ軽さのあるフィナンシェ

フィナンシェ

焦がしバターの風味を前面に出した、リッチな味わいのフィナンシェ。しっかりバターを使った生地で、1個あたりのボリュームがありながら、スチコンで仕上げることで重すぎない仕上がりに。表面はサクッと、中はふんわり、しっとりとして歯切れもよい。

—— フィナンシェ生地

[材料] フィナンシェ型
（7.8cm×4.6cm×深さ1.8cm）90個分

ビート糖…680g
メープルシュガー…100g
キビ糖…100g
塩…6g
薄力粉(ニップン「アンシャンテ」)…340g
アーモンドパウダー…340g
コーンスターチ…32g
ベーキングパウダー…16g
卵白…880g
無塩バター…900g

[作り方]

①ビート糖、メープルシュガー、キビ糖、塩を合わせる。

②1と薄力粉、アーモンドパウダー、コーンスターチ、ベーキングパウダーをボウルに入れる。

③卵白をひと肌に温め、3，4回に分けて2に加え、よく混ぜる。

④バターを焦がしバターにし、3に2、3回に分けて加え、混ぜる。

④

⑤絞り袋に4を入れ、型に絞り出す。1個あたり34g。

⑥スチコンで焼成する（次ページ）。

⑦スチコンから取り出し、型から外す。

⑤

「フィナンシェ」焼成の考え方

オーブンだと生地の持つ力で持ち上げ（膨らませ）ますが、蒸気を入れ、風をあてて焼くスチコンは、蒸気が生地を持ち上げてくれているような膨らみ方をします。そのため温度等の設定をしっかりすれば、蒸気を入れて焼くことで、オーブンで焼く時より膨らみが大きく、焼成時間も短縮することが可能になります。

フィナンシェは型によっても火の入り方が違いますが、『アントレ』では中まで火が入りづらい厚みのある型を使っています。そのため、オーブンのように外側からのみ加熱すると、外側につよく火が入って焼きすぎてしまう可能性があります。そこで生地全体の熱を中から上げたいと考え、スチコンで蒸気を入れながら焼き上げてみました。今回風量を4と強めに設定して風を回し、生地が持ち上がる力を強めました。オーブンでじわっと火入れすると縮みやすい生地になることがありますが、今回は生地がしっかり形を保ち、焼き上がり後も型離れよく仕上がりました。風の重要性を改めて感じました。湿度は、油脂が多い生地を持ち上げながら焼く際の目安にしている28％に設定しています。

オーブンでは約20分焼成していたところ、スチコンでは14分に。また生地の量は一個あたり40gだったところ、スチコンでは34gに減らし、大きさは同じ位に仕上がります。

焼成プログラム

工程	モード	温度	湿度	風量	時間
1	コンビ	180℃	25%	4	14分

並べ方

フィナンシェ用の連結タイプの焼き型をそのまま使用(1枚25個)。通常は4段で焼成。撮影時は1枚。

工程 1 のポイント

生地全体の熱を中から上げるため、風量4で蒸気を入れながら焼いていく。加熱開始3～4分ほどで、生地が膨らみ始め、中央から盛り上がってくる。

6～7分ほどで生地がしっかりと立ち上がり、中央には割れ目ができる。さらに加熱を続けてしっかり焼ききり、焼き上がり後時間がたっても落ちない生地に仕上げる。

焼き上がりの評価

中まで焼き残りなくしっかり浮き上がる。色もしっかり入っていて、焼きムラもなく裏面まできれいに焼き上がっており、反り上がることもなく、食感もよい。

表面はパリッと、中はしっとり軽い仕上がりに

スチームを使って短時間で焼き上げ、

[材料] シャブロン型（長径6cm×短径4cm×高さ1cm）36個（72枚）分

ブッセ生地

卵白…260g	ビート糖b…40g
ビート糖a…90g	薄力粉（ニップン「アンシャンテ」）…120g
コンニャクパウダー…7g	粉糖…適量
水…42g	
卵黄…120g	ブッセ用クリーム（冷凍）*1…36個

ミルクセーキ生ブッセ

非常に軽くてふんわりしたブッセ生地に、軽くてコクがあり、口溶けのよいホワイトチョコレートのクリームを挟み込んだ。ブッセ生地は卵の香りがただようやさしい味わいで、生地とクリームが同時に口の中で溶けて消えていく。クリームを乳脂肪分少なめのアイスクリームに変えたアイスブッセも商品化している。

粉糖
ブッセ生地
ブッセ用クリーム
ブッセ生地

［作り方］

①コンニャクパウダーは、水で溶いてペースト状にする。卵白、ビート糖aと共にミキサーに入れ、撹拌してメレンゲを立てる。

②卵黄、ビート糖bを合わせ、中速のミキサーで撹拌し、しっかり泡立てる。

③1と2を合わせ、薄力粉を加えてさっくり混ぜ合わせる。

④3の生地を絞り袋に入れる。シルパットの上に型をのせ、生地を型に絞り出す。

⑤型から生地を抜く。

⑥表面に粉糖をふり、**スチコンで焼成する（次ページ）**。

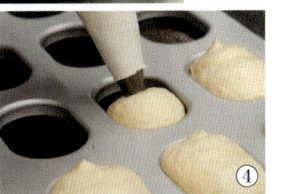

⑦粗熱を取り除き、冷蔵する。

⑧ブッセ生地の上にブッセ用クリームをのせ、もう一枚のブッセ生地をのせて挟む。

＊1 ブッセ用クリーム

［材料］36個分

冷凍卵黄…70g
ビート糖…60g
水…16g
無塩バター…75g
ホワイトチョコレート…38g
ホイップクリーム（P174参照）…450g
バニラエキストラクト（ナリヅカコーポレーション「バニラエキストラクト2018」）…1g

［作り方］

①ビート糖に水を加え、110℃まで温める。

②卵黄をボウルに入れ、泡立てる。

③2に1を少量ずつ加えながら、粗熱がとれてもったりとするまで泡立てる。

④ホワイトチョコレートを溶かし、ポマード状にしたバターと混ぜる。35～40℃に仕上げる。

⑤3に4を加え、混ぜ合わせる。冷めると固まりやすいので、40℃を維持。

⑥ホイップクリームを7分立てにし、バニラエキストラクトを加える。

⑦5と6を軽く混ぜ合わせる。

⑧フレキシパンの型に1個あたり20g入れ、冷凍して固めておく。型から抜いて使用。

「生ブッセ生地」焼成の考え方

　乾燥しやすいブッセ生地を、水分を抜けづらいように焼きたかったので、コンビモードを選びました。蒸気を入れながら焼くことで生地を浮かせて、高温、短時間で焼き上げています。また風をやや強めに入れることで、全体に色をしっかり入れています。風量を4まで上げてもよいのですが、そうすると中まで火が通らないうちに表面に焼き色がついてしまうと考え、風量3に留めました。

　ブッセ生地には、保水性を高めるためにコンニャク粉を加えています。またコンニャク粉を入れることで、焼き上がりが歯切れよく、かつしっとりと焼き上がります。今回2枚のブッセでクリームを挟み込んでいますが、中のクリームからはそれほど水分移行せず、食感は変化しません。また冷凍可能な生地なので、店では完成後袋詰めをし、冷凍状態でも販売しています。

焼成プログラム

工程	モード	温度	湿度	風量	時間
1	コンビ	180℃	28%	3	9分

工程 1 のポイント

メレンゲ主体で空気を多く含んだ生地なので、すぐに生地が浮き上がってくる。蒸気を28%入れることで立ち上がる力をさらに強め、ふわっと立ち上がった状態のまま高温・短時間で焼き上げていく。

4分ほどたつと、かなり大きく膨らむ。表面にひびが入るものも出始める。

焼成終了直前。水分がほどよく抜けつつ、全体に火が入り、表面は徐々に焼けてキャラメリゼのような状態に。

並べ方

天板1枚当たり、36個（ブッセ型の配列を生かした、6個×6列）を並べる。2段分を焼成。

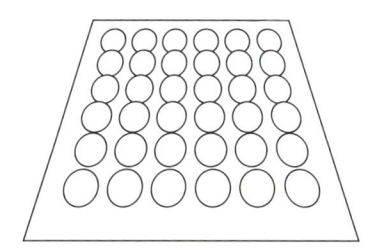

焼き上がりの評価

ふわふわして軽い生地。中には水分を残しつつ、表面部分はカリッとしている。コンニャク粉を加えることで保水力を高めているので、やわらかい食感に仕上がっている。これは中に挟むクリームとの相性も考えてのこと。噛むと生地はサクッとしながらふんわりしており、中のクリームと共に口の中で溶けていく。

油脂と空気が多い配合を低温で焼き、濃厚なチーズ感と軽い食感を訴求

髙木チーズスフレ

レアチーズのような生っぽさとチーズの濃厚な味わいを魅力にしたチーズスフレ。軽さを出すために、メレンゲを多く配合。チーズが多いため、メレンゲは、砂糖を数回に分けて混ぜ、キメ細かく強い気泡をつくり、合わせるチーズ生地に温度を持たせて気泡が潰れないようにしている。

ホイップクリーム
粉糖
チーズスフレ
ジェノワーズ

[材料] 丸型（15cm）1台あたり

チーズアパレイユ（仕込み量・約25台分）
> クリームチーズ（ベル ジャポン
> 「キリ クリームチーズ」）…3300g
> ハチミツ…180g
> コーンスターチ…70g
> 卵白…700g
> ビート糖…800g
> 卵黄…720g
> 牛乳…2260g
> 無塩バター…300g

ここから330gを使用

ジェノワーズ（P046参照）…直径15cm×高さ2cmを1枚

ホイップクリーム（P174参照）…適量
粉糖…適量

[作り方]

① チーズを湯煎にかけ、柔らかく戻しながら、50℃以上に加熱する（7でメレンゲと合わせる生地が冷たいと、メレンゲが潰れてしまう）。

② ボウルにハチミツ、コーンスターチを合わせ、卵黄を加えて混ぜる。

③ ミキサーに卵白とビート糖の一部を入れ、中速で撹拌し、メレンゲを作る。その後ミキサーを低速で回しながら、数回に分けて砂糖を加えていく。

④ 牛乳を温め、半分量を2に加え、混ぜ合わせる。

⑤ 残りの牛乳に4を濾して加え、ボウルの底を温めながら、とろみがつくまで混ぜ合わせる。糖分が少なく、卵黄に火が入りやすく分離しやすいので、火を入れすぎないように注意。

⑥ 溶かしたバターを5に加え、混ぜ合わせる。1を加え、混ぜ合わせる。

⑦ 6が温かい状態のうちに、3に加え、低速のミキサーで軽く混ぜ合わせる。

⑧ ミキサーを止め、泡立て器で全体を軽く混ぜ合わせる。

⑨ 丸型にジェノワーズ生地を敷き、1台あたり330gの生地を流し込む。

⑩ **スチコンで焼成する（次ページ）。**

⑪ 型から抜き冷蔵庫で冷やし固めた後、8等分にカットし、9分立てにしたホイップクリームを絞り、粉糖をふる。

「チーズスフレ」焼成の考え方

　元々同じ生地をオーブンで焼成しており、スチコンでも焼くようになってからは、それぞれを商品化しています。どちらもしっとりはしていますが、スチコンではコンビモードで蒸気を加えて焼くこともあり、よりしっとりとして、火はしっかり入っていながらレアチーズケーキを食べているような生っぽさが魅力となっています。

　生地特性としては油脂量と空気量が多い配合です。粉類はでんぷんだけで、生地をかたまらせるのに最低限の量を使用。焼成時に表面が割れやすく、蒸気を与えると浮きやすくなり、その分焼き縮みも大きいのが特徴です。浮いたままできるだけ落ち込まずにキープできることを目指してたどり着いたのが湿度20%、風量1という設定でした。

　これ以前は2工程で焼いていました。1工程目は温度と時間は同じで湿度18%、風量2。天板を金網に替えて風による熱効率を狙っていました。2工程目は焼き色を付けるために湿度を10%に落として温度を150℃に上げ、3分追加で焼成。食味は狙い通りだったのですが、どうしてもひび割れて焼き縮みするのが課題でした。外側から火が入って浮いてしまうことが焼き縮みの一因と考え、風量を落とし、さらに金網を天板に替えて風による熱効率を弱め、じわっと火を入れて生地全体が一緒に少しずつ膨らんで形が維持するように微調整しました。また色付きにはこだわらずに、より生感覚を打ち出すことにしました。

　季節や出庫した際の湿度などによっても浮き方、縮み方が変わってきます。変化を見逃さずにその都度調整することが大切だと思っています。

焼成プログラム

工程	モード	温度	湿度	風量	時間
1	コンビ	130℃	20%	1	25分

並べ方

1段に丸型2台を並べる。通常は一度に2〜8台を焼成。撮影時は1段のみ。

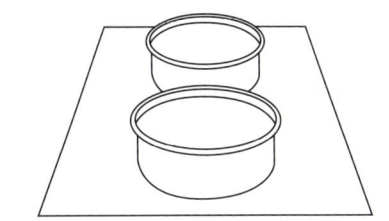

工程 1 のポイント

じんわりと火を入れたいので、風量1で、風による熱効率を抑える設定。以前の焼成レシピでは金網に型を載せて焼いていたが、天板にしてより風の効果を弱めるレイアウトに。

10分経過。パッと見はあまり変わらないが、徐々に生地が浮いてきている。

5分経過。以前の焼成（湿度18％、風量2、金網を採用）の際は風の熱効率があって、この時点で中央部分が盛り上がってきていたが、このプログラムでは全体的に平行して浮いている状態。

20分経過。均一に盛り上がっているのが見てとれる。

焼き上がりの評価

高さもあり、焼き縮みせずに形の良い仕上がり。揺らすと表面がプルプルと細かく波打つほど柔らかい。色付きはないが中までしっかり火が通っている。しっとりしてなめらかで、濃厚なチーズ感がありながら重すぎない。

先代からのレシピを、スチコン焼成で進化させたブランデーケーキ

[材料] パウンド型（24cm×8cm×高さ5cm） 1台あたり

バター生地（仕込み量・約28台分）

発酵バター…1200g
ビート糖…2150g
ハチミツ…480g
液体ショートニング…1200g
全卵…3000g
ブランデー（ドーバー洋酒貿易
「ドーバーブランデー V.O」）…540g
薄力粉（増田製粉所「宝笠ゴールド」）…1900g
中力粉（ニップン「ジェニー」）…400g
アーモンドパウダー…600g
ここから400gを使用

ブランデーシロップ*…150g

*ブランデーシロップ
ブランデー2種（「ドーバーブランデー
V.O」とアルザスのブランデー）のブレンド1800gとシロップ（水1600g、ビート糖1100gを煮溶かす）900gを合わせて沸かしたもの

ブランデーケーキ

先代の頃から作り続けている名物商品の一つで、フランスのアルザス地方の伝統的なブランデー VSOP をたっぷり染み込ませた上品な大人のパウンドケーキ。バターたっぷりの流動性の高い生地で、スチコンで焼くことでよりしっとりと仕上がっている。

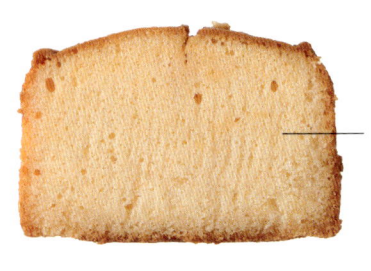

—— ブランデーケーキ

［作り方］

① 発酵バター、ビート糖、ハチミツ、液体ショートニングをミキサーにかけ、軽く撹拌する。

② 全卵を2〜3回に分けて加え、中高速で白っぽくなるまで撹拌していく。8、9割ほど完成したところで、中低速に落とし、キメを整える。

③ 2にブランデーaを加えてなじんだら、粉類を加えて軽く撹拌する。

③

④ 3をミキサーから取り出し、しっかり手で混ぜ合わせる。

④

⑤ 4の生地を、クッキングシートを敷いた型に流し込む。1台あたり400g。表面をヘラでならす。真ん中を少しへこませ、サイドを高くする。

⑤

⑤

⑥ **スチコンで焼成する（次ページ）。**

⑦ 型から抜き、粗熱を取り除く。冷蔵庫で冷やす。

⑧ クッキングシートを取り除き、ブランデーシロップに漬ける。ここで1個あたり130gのブランデーシロップを生地に吸わせる。さらに表面に、刷毛でブランデーシロップ（20g）を打つ。

⑧

⑧

「ブランデーケーキ」焼成の考え方

油脂量が多く流動性のある生地で、均一に膨らませながらじんわりと時間をかけて焼いていきたい。そのためスチコンのコンビモードで温度を抑えて時間をかけて焼いていきました。ただ少しずつ浮かせながら焼きたいので、蒸気少なめで、風も2に抑えています。この蒸気や風も加えすぎると生地が暴れるので、湿度設定を20%に留め、風量も2に設定しました。

オーブンでは焼成時間が38分かかっていました。仕上がりは十分しっとりして、ふわっとしていてもろく、口溶けよく焼き上がります。一方スチコンだと焼成時間は2割ほど短縮して30分で焼き上がり、仕上がりは詰まった感じで張りがあり、中までしっとりしています。焼成後、シロップをしっかり吸い込ませる生地なので、張りのある生地になったことでより作業性が高まりました。

その他のパウンドケーキ類も、スチコンで焼成するのに向いていると考えています。パウンドケーキは、長時間焼くので乾燥しやすいのですが、スチコンだと焼成後もしっとり感を持続させることができます。今後フルーツを入れたパウンドケーキなど、さらにチャレンジしてみたいと考えています。

焼成プログラム

工程	モード	温度	湿度	風量	時間
1	コンビ	160℃	20%	2	30分

並べ方

天板1枚に4台(2台×2列)を並べ、ここでは1段分を焼成。通常は12台を焼成。

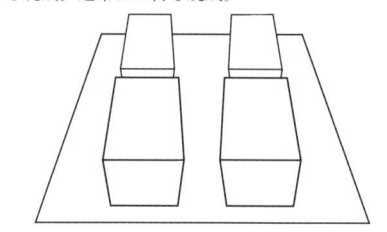

工程 1 のポイント

焼成8分ほどで周辺部分から徐々に火が入って表面が固まっていく。

15分ほど経過。全体に火が入り、生地が盛り上がってくる。

20分ほど経過。だんだん表面が乾燥して焼き色が付きはじめる。表面が割れてくるものも。

中央が盛り上がり、焼き色が強くなっていく。表面中央部分に割れができたものも、そのまま焼き固まっていく。

焼き上がりの評価

しっかり中まで焼けている。張り感があり詰まった状態。中までしっとりと仕上がっている。

生地の水分量を考慮した低めの湿度設定で生み出す、進化系ダックワーズ

アマンド・オランジュ「風の行田公園」

非常に軽いダックワーズ生地を、大きな型に入れて焼き上げた。オレンジの皮を加え、さわやかな風味をプラス。ふわっとしていて非常に軽く、新しくて素朴な焼き菓子に仕上がっている。

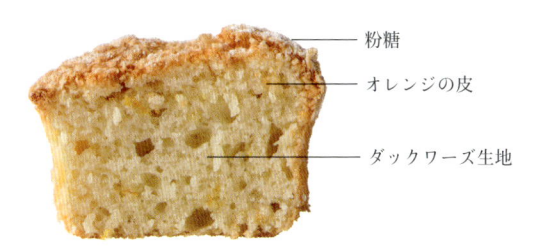

粉糖
オレンジの皮
ダックワーズ生地

[材料] オーバル型
（長径6cm×短径4cm×深さ2.5cm）50個分

卵白…500g
ビート糖…500g
アーモンドパウダー…500g
粉糖…適量
オレンジの皮…1個分

[作り方]

①卵白にビート糖の一部をミキサー(REGO)に入れ、中高速で撹拌してしっかりと泡立てる。

②アーモンドパウダーに、ビート糖(全体の2割ほど)を加えて混ぜる。

③1に残りのビート糖を加え、さらにミキサーで撹拌し、しっかりと立てる。

④型に粉糖をしっかりとふる。もう一枚の型を重ねてひっくり返し、余分な粉糖を移す。粉糖が薄い部分に粉糖を足す。これは余分な粉糖を落とし、ほどよく粉糖を全体に広げるために行っている。

⑤3の一部をボウルに取り、オレンジの皮を加えて混ぜ合わせる。3に戻し入れ、2を加えてしっかりと混ぜ合わせる。

⑥4の型に5を絞り入れる。粉糖をふる。

⑦鉄板の上に型をのせ、**スチコンで焼成する（次ページ）。**

⑧粗熱を取り除き、型から取り出す。

「アマンド・オランジュ」焼成の考え方

　粉を加えず、アーモンド粉と卵だけの力で形づくり、焼成後も形がしっかりと残る。そんな生地を追い求めた中で生まれました。"アーモンド"を食べていただくお菓子です。粉を一切使っていないのでグルテンフリー。小麦アレルギーのある方にもおすすめできます。

　コンビモードで蒸気と風の力を使うことで、型に入れた状態で厚みのある生地を焼いても、中までしっかり火が通ります。その一方、生地自体の水分量が多いので、しっとりしすぎないように湿度は控えめに設定しました。

　オーバーランをしっかり減らした状態で焼成すると、生地がよく浮き上がります。最初通常通り型から外した状態でスチコンで蒸気を入れて焼成すると、形が崩れてペタッとした生地になってしまいました。そこで型に入れてみたところ、型が厚みをキープしつつ水分を保つ役割を果たし、しっとりと仕上がりました。型に粉糖をたっぷりふりかけるのは、焼成時に生地をくっつかないようにするため。そうすることで一切粉を使わずとも、ふわっとした食感の焼き菓子が出来あがりました。

　今回の生地は、メレンゲとアーモンド粉という分離しやすい難しい組み合わせに加え、一切粉を使用していません。それでも製法の工夫で、これだけの厚みのある生地に仕上げることができるのです。皆さんも既存の考えにとらわれず、色々工夫してみてください。

焼成プログラム

工程	モード	温度	湿度	風量	時間
1	コンビ	170℃	12%	3	15分

工程 1 のポイント

3分ほどですぐに表面が浮き上がり、どんどん盛り上がっていく。

7分ほど経過。盛り上がった状態のまま表面が色付き、徐々に焼き締まっていく。

焼成終盤。表面がしっかりと焼き固まり、色付きも強くなる。全体に火が入って焼き締まり、自然と型離れしている。

並べ方

「ドゥマール フレキシパン オリジン4270」を使用。1シートあたり30個（6個×5列）。金網の上にフレキシパンを置き、スチコンへ差し込む。今回は3枚分を焼成。

焼き上がりの評価

底面まで焼き色が付き、中までしっかり火が通っている。表面は少し焼き固まっていて、中はふわふわ。とても軽い食感に仕上がっている。焼く際に風味がとじこめられており、アーモンドとオレンジがしっかりと香る。

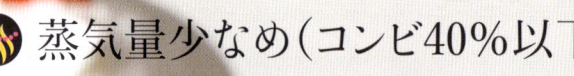

水分が失われやすいシフォン生地を
小ポーションでしっとり
焼き上げることに成功

アントレ風 生シフォン

シフォンケーキの生地を小さなカップに入れて焼き上げた、ミニサイズのシフォンケーキ。しっとりとして非常に軽い生地で、トッピングのホイップクリームとともにさっと溶けていってしまう。後味を軽くするため、ホイップクリームは甘さ控えめに。

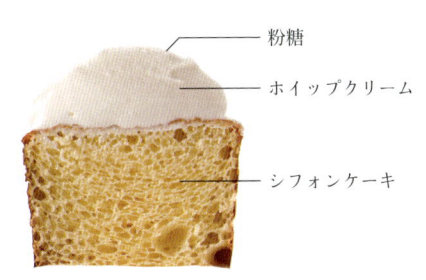

粉糖

ホイップクリーム

シフォンケーキ

［材料］丸型（直径6.5cm×高さ3.5cm）34個分

冷凍卵黄…86g
ハチミツ…30g
植物性乳化油脂…98g
牛乳…37g
卵白…375g
乾燥卵白…3g
ビート糖…173g
薄力粉（ニップン「アンシャンテ」）…143g
ベーキングパウダー…3g

ホイップクリーム（P174参照）…25g
粉糖…適量

［作り方］

① 卵黄とハチミツ、植物性乳化油脂、牛乳を合わせ、ミキサーにかけて中高速で撹拌する。

② 卵白、乾燥卵白、ビート糖を合わせ、ミキサーにかけて高速で撹拌し、8〜9分立てにする。

③ 薄力粉とベーキングパウダーを混ぜ合わせてふるう。

④ 1 に 2 の2/3を入れて混ぜ合わせ、3 を加えて全体的に混ぜ合わせる。

⑤ 4 に 2 の残りを加え、全体をさっくりと混ぜ合わせる。

⑥ 5 をカップに、1個あたり25g絞り入れる。

⑦ **スチコンで焼成する（次ページ）。**

⑧ スチコンから出し、ガス抜きを行う。粗熱を取り除く。表面に9分立てのホイップクリームを絞り、粉糖をふりかける。

149

「生シフォン」焼成の考え方

シフォンケーキの生地は焼成時に水分が抜けやすいので、通常大きな型にある程度の量の生地を入れて焼き上げるのがセオリーです。しかし「スチコンのコンビモードで、小さなカップに入れて短時間で焼き上げれば、水分を残した状態で焼き上げられるのでは」と考えて試してみたのがこの新商品でした。

コンビモードで蒸気を加えつつ強めに風を当てて焼成することで、短時間で水分を残しつつ焼き上げています。またとても軽い生地で、焼いている時に一旦大きく浮いたのち、途中少し沈み込みます。そうなることで、中がしっとり仕上がっています。

焼き上がりの際にはガス抜きを行います。そうすることで時間が経ってもより安定した形を保つことができます。

焼成プログラム

工程	モード	温度	湿度	風量	時間
1	コンビ	170℃	16%	3	9分

工程 **1** のポイント

焼成を開始すると、すぐに生地が立ち上がり始め、どんどん膨らんでいく。

焼成3分くらいまでに、端の方まで真上に立ち上がり、大きく膨れる。

焼成4分くらいで、表面が乾き始め、色付き始める。少し表面が割れるものも見られる。

表面の焼き色が徐々に濃くなっていき、少し焼き縮んだ印象。表面は粗いがそれほど割れはない。

並べ方

天板1枚に18個を互い違いに並べる。ここでは2段分を焼成。

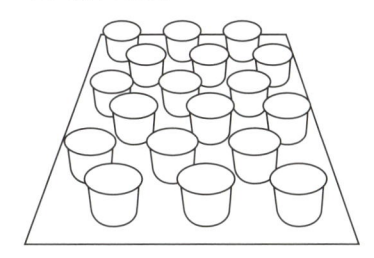

粗熱をとる間に生地が少し落ち着き、盛り上がっていた表面が沈む。

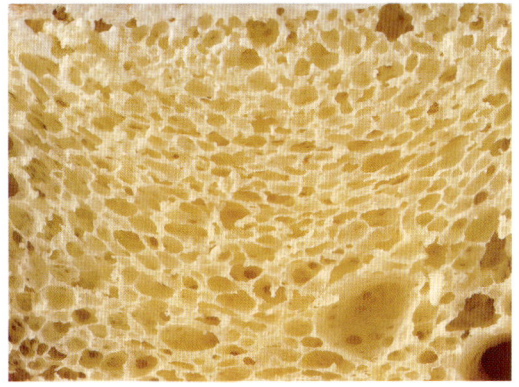

焼き上がりの評価

中までしっかり均一に火が入っている。生地は詰まっておらず、粗い気泡が多く入った軽い生地。それが食べた時の口溶けのよさにつながっている。

砂糖とナッツを
たっぷりまぶしたパイを
蒸気の力で浮かせ、サクサクに

ピーナッツパイ

地元千葉県の名産・ピーナッツをふんだんに使用したパイ。ピーナッツパウダーと粗く砕いたピーナッツをトッピングし、風味と食感を楽しませる。ベースとなるパイ生地は、特注で作ってもらったもので、焼き上がりもごく薄く、サクサクした食感に。

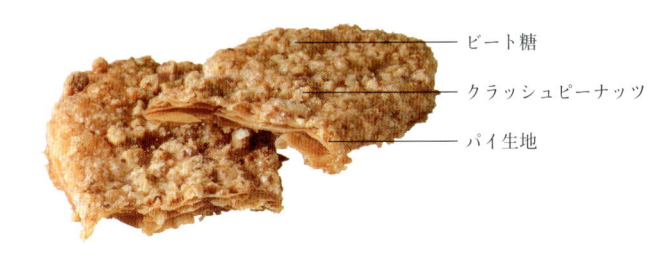

——ビート糖
——クラッシュピーナッツ
——パイ生地

［材料］1枚あたり

冷凍パイ生地（ピーナッツの形に成型した特注品）…1枚
ピーナッツ衣*…適量

クラッシュピーナッツ…適量
ビート糖…適量

*ピーナッツ衣
ビート糖3に対して、ピーナッツパウダー1の割合でブレンド

［作り方］

①冷凍状態のパイシートを、水（分量外）にくぐらせる。こうすることで生地を少しやわらかくし、衣をくっつきやすくする。

②表面の水気を切り、グラニュー糖とピーナッツパウダーを混ぜたピーナッツ衣をまぶす。ぎゅっと押してしっかり表面にくっつける。

③天板の上にすき間なく並べる。

④表面に粗く砕いたピーナッツを散らし、ビート糖を全体にふりかける。

⑤**スチコンで焼成する（次ページ）。**

「ピーナッツパイ」焼成の考え方

生のピーナッツをパイの上にのせて焼くと、焼き切れずに生の部分が残りやすい。もしくはピーナッツをしっかり焼こうとすると、パイの部分を焼きすぎる。かといってピーナッツをローストしてから焼くと、ピーナッツが焦げてしまう。シンプルながら実は難しいお菓子です。

ところが、スチコンで蒸気を入れながら焼くと、無理なく均一に火が入り、パイ生地も生のピーナッツも同じようにほどよく焼けていくのです。一度に100枚以上を焼いてもムラがなく、すべて焦がさずに同じように香ばしく焼き上げることができる。蒸気と風が、均一に仕上げる魔法の鍵となっています。

また、パイ生地の上に砂糖やピーナッツパウダーなどをたっぷりかけており、その重さもあって、焼く際に本来は生地が浮きづらい構成のお菓子です。そこでパイ生地に蒸気の圧をかけて生地を浮かせてしっかり中まで火を入れようと、前半はコンビモードで蒸気を加え、風も強めにして加熱していきました。

一方で後半は、表面をカリッと焼き上げたいので、ホットエアーモードで湿度を序々に抜きつつ、温度を上げていく火入れでローストしていきました。最後にはさらに温度を上げ、全体的に表面の砂糖をキャラメリゼしていき、色よく仕上げています。

スチコンで焼くことで、厚みが出て大きく仕上がりました。

焼成プログラム

工程	モード	温度	湿度	風量	時間
1	コンビ	170℃	30%	3	5分
2	コンビ	167℃	20%	4	5分
3	ホットエアー	167℃	70%	3	7分
4	ホットエアー	175℃	20%	4	3分

並べ方

天板1枚にパイ16枚（8枚×2列）を隙間なく並べる。一度に全段（8段）で焼成。

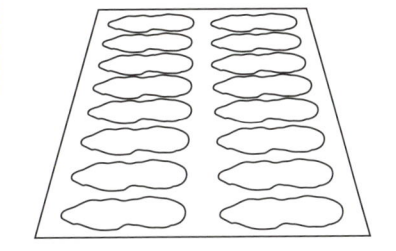

工程 1 のポイント

全体に温度を均一にするため、コンビモードで蒸気を当てて加熱。風量を上げると風で表面のピーナッツなどが飛んでしまうので、飛ばない程度のギリギリに設定。生地があっという間に膨らんでいき、表面がふつふつと波打ちながら加熱されていく。

工程 4 のポイント

砂糖をより香ばしくキャラメリゼするため、より湿度を落とし、温度と風量を上げ、しっかりと焼ききっていく。

工程 2 のポイント

ピーナッツや砂糖の下部分のパイ生地は、火が入りにくく焼け残りやすい。そのため蒸気で熱量を高め、強い風を当てて熱を回すことで、ムラなく焼き上げていく。

工程 3 のポイント

ホットエアーモードで乾燥させつつ焼いていく。生地が締まっていき、色付きが徐々に強くなっていく。

焼き上がりの評価

中までしっかりきつね色に火が入り、パイ生地の一層一層までパリッと焼けている。表面の砂糖部分もカリカリに仕上がり、ピーナッツの食感や香りも引き立つ。

従来の素朴な魅力とは異なる
しっとりとしたリッチなチョコレートケーキに

[材料]　丸型（直径15cm）1台あたり

チョコレート生地（仕込み量・約13台分）

チョコレート（前田商店
「カレボー811」54.5%）…660g
生クリーム（中沢乳業
「フレッシュクリーム42%」42%）…265g
発酵バター…527.5g
加糖卵黄…528g
ココア…412.5g
薄力粉（増田製粉所「宝笠ゴールド」）…260g
粉糖…412.5g

卵白…1117.5g
ビート糖…778g
コーンスターチ…93.5g
ここから380gを使用

ホワイトチョコレートのクリーム *1…8個
粉糖（飾り用）…適量
チョコレート細工…8枚

クラシックショコラ

チョコレートの風味豊かな、口溶けよく濃厚な焼き菓子。スチコンで焼き上げることで、よりチョコレート感が増して風味高く、しっとりと仕上がっている。ホワイトチョコレートのクリームをトッピングし、ミルク感をアクセントに加えている。

チョコレート細工

ホワイトチョコレートのクリーム

粉糖

クラシックショコラ

［作り方］

①生クリームとバターを鍋に入れ、80〜90℃まで加熱し溶かす。

②チョコレートは、湯煎で溶かす。

③2に1を加えてガナッシュを作り、加糖卵黄を加え、ハンドミキサーをかけてよく撹拌し、乳化させる。

④ココア、薄力粉、粉糖を合わせ、ふるっておく。

⑤ミキサーに卵白を入れ、ビート糖を全体量の1/3加える。中高速で白っぽくなるまで撹拌する。7分立てのところで残りのビート糖の1/2を加え、中高速でさらに立てていく。残りのビート糖の半分を、9分立てになったところで加えてさらに撹拌する。

⑥残りのビート糖（全体量の1/6）を、コーンスターチに加え、混ぜる。5に加え、さらに撹拌してしっかりしたメレンゲを作る。

⑦6に3を一気に加え、マーブル状になるくらいまで混ぜ合わせる。

⑧7に4を一気に加え、よく混ぜ合わせる。粉っぽさがなくなり、ツヤっぽくなるまで混ぜる。

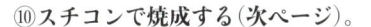

⑨生地を一台あたり380gずつ型に入れる。

⑩**スチコンで焼成する（次ページ）。**

⑪型から抜き、冷蔵庫で冷やし固めた後、8等分にカットし、ホイップクリーム（分量外）を接着剤代わりにしてホワイトチョコレートのクリームを飾る。粉糖をふり、チョコレート細工を飾る。

*1 ホワイトチョコレートのクリーム

［材料］仕込み量
ホワイトガナッシュ
（ホワイトチョコレート5：牛乳2）…100g
生クリーム（明治「フレッシュクリームあじわい40」40%）
…400g
カカオニブ…適量

［作り方］

①牛乳を沸かし、ホワイトチョコレートを入れて混ぜ合わせてホワイトガナッシュを作る。

②6分立てにした生クリームを1と合わせ、三角形のフレキシパンの型に流す。カカオニブをふりかけ、冷凍する。

③固まったら、型から外して使用。

「クラシックショコラ」焼成の考え方

　油脂が多く、糖分が多い生地なので、焼成の際、生地を早く立ち上げさせると落ちやすくなります。スチコンのコンビモードで焼成する際、しっとり仕上がるかと思い、湿度35%の設定で焼成した時は生地が割れてしまい、焼成後の落ち込みも大きかった。そこで蒸気量を下げて湿度22%にしたところ、割れるのは表面のみ。中までしっかり火が入っており、落ち込みもそれほどありませんでした。

　オーブンでの焼成では、じっくり時間をかけて焼かなくてはならないので、160〜170℃で45分焼成。食感はほろほろと崩れる素朴な口当たりとなります。一方スチコンで焼くと、生地が持ち上がったまましっとりと焼きあげることができました。まったく異なるタイプのクラシックショコラに

仕上がりましたが、どちらが正解ということではなく、それぞれの魅力があるので、商品の意図に合わせて焼き方を選んでいただければいいと思います。蒸気量を調整すると、さらに表現が異なる仕上がりになると思います。

オーブン焼成したもの

焼成プログラム

工程	モード	温度	湿度	風量	時間
1	コンビ	165℃	22%	2	30分
2	ホットエアー	165℃	100%	3	4分

並べ方

金網を差し込んで棚を作り、1段に丸型2台を並べる。最大で一度に3段（6台）を焼成可能。あまり段の間を詰めると風の流れが変わるので、1段ずつ間隔を空けて焼いた方がベター。撮影時は1段のみ。

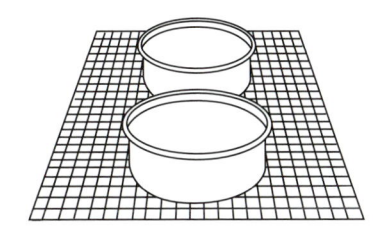

工程 1 のポイント

10分ほど経過。徐々に端から生地が立ち上がってくる。周辺から上がってきて、中央はややへこんでいる。

15分ほど経過したところ。中央部分が盛り上がってくる。表面が徐々に固まってきて、割れ目ができてくる。

20分過ぎ。さらに表面が焼き固まってくる。割れ目が大きくなり、割れ目の間からも生地が立ち上がっている。

ONE POINT

表面にひび割れが出ても、そこから落ち込まなければ仕上がりに影響はありません。オーブンで焼くと表面近くに空洞が残り、表面部分がべりっとはがれることがあります。スチコンで焼成した場合、空洞ができずに表面がはがれにくく、きれいに切ることができます。

工程 2 のポイント

表面のベタつき感をなくすために、ホットエアーモードに変更。表面がしっかり焼けて、乾いた感じに仕上がる。

粗熱がとれた状態

焼き上がりの評価

オーブンで焼いた時より、しっとり感がつよく、食べた時にチョコレートの風味がより感じられる。全体のバランスがさらに高まり、従来よりも濃厚感のある新しいクラシックショコラが生まれている。

コンビとホットエアー
の2段階焼成で、
カリカリ、トロトロの
新感覚カヌレが誕生

カヌレ

近年日本で人気のカヌレ。表面はカリッと、中はもっちりした独特の食感が魅力だが、『アントレ』ではスチコンのコンビモードとホットエアーモードの2段階で焼成することで、中をカスタードクリームのようにとろっと仕上げた。伝統的な形状より長細いオリジナルの金型を使い、スタイリッシュな雰囲気に。冷凍と常温・焼きたての3パターンを販売。

———— カヌレ

[材料] カヌレ型
（直径4.5cm×深さ4.5cm）80個分

牛乳…2000g
発酵バター…120g
ビート糖…960g
薄力粉（増田製粉所「宝笠ゴールド」）…440g
全卵…240g
加糖卵黄…240g
ラム酒（ドーバー洋酒貿易
「ネグリタ ラム44°」）…200g
バニラペースト…12g
バニラエキストラクト（ナリヅカコーポレーション
「バニラエキストラクト2018」）…12g

[作り方]

①牛乳、バターを50℃に温める。

②ビート糖を加えよく溶かす。

③ふるった薄力粉に全卵と加糖卵黄を少しずつ加えペーストにする。

④空気を入れないようにすりまぜる。

⑤ラム酒、バニラペースト、バニラキストラクトを入れて軽めに合わせる。

⑥裏ごしをして一晩寝かす。

⑦フードプロセッサーにかけて撹拌し、乳化させる。離型剤（分量外）を塗ったカヌレ型に9.5分目（1個あたり約53g）まで生地を流し入れる。

⑧**スチコンで焼成する（次ページ）**。

⑨焼きあがったら型から外し、粗熱をとる。

「カヌレ」焼成の考え方

カヌレはもともと水分量の多い生地なので、じっくり時間をかけて焼くというイメージがありました。そのためスチコンで焼く時も、コンビモードで蒸気量少なめ、風量をそこまで上げずに、時間をかけてじっくり火を入れていきます。

ただそれで焼き色は付いてくるのですが、多少色付きが薄いところも残ります。そこで色付きをよくし、表面をカリッと焼き上げようと、一度型から生地を外し、ホットエアーモードに切り替え、温度を上げて風量も強めにして仕上げています。そうすることで、濃い焼き色を付けながら表面はカリッと、中はとろっとした、スチコン焼成ならではのカヌレを作ることができました。

従来のカヌレと比べ、ひと回り以上小さく、内容量が少ない型を使っています。そのため食べた時に非常にバランスのよい仕上がりに。ただ従来のカヌレの型を使う場合でも、少し難しくはなりますが焼成時間の長さや温度を調整したりすることで、中がやわらかく外はカリッとしたカヌレを焼くことが可能だと思います。ただしフレキシパンを使う場合、底面に火が入りやすくなるので、最大温度は205℃くらいまでに留めておいた方がよいでしょう。

焼成プログラム

工程	モード	温度	湿度	風量	時間
1	コンビ	190℃	12%	2	35分
2	型から取り出す				
3	ホットエアー	200℃	0%	4	6分

工程 1 のポイント

焼成開始後10分程たつと、生地が浮いて、表面が丸く膨らんでくる。15分程で色付いてくる。

焼成開始後20分程。焼き固まってきて、表面の膨らみはやや小さくなるが、生地の落ち込みは無い。徐々に焼き色が濃くなっていく。

工程1の終盤。徐々に膨らみが平らになって、焼き色もますます濃くなっていく。

工程 2 のポイント

表面の焼き色と食感を強化するため、生地を型から外した状態で仕上げ焼成を行う。カヌレ型をスチコンから取り出し、フレキシパンと天板を裏返しの状態で、順にカヌレ型にかぶせ、すべてを一緒にひっくり返して生地を型から抜く。

並べ方

連結タイプのカヌレ型（7個×5列）を使用し、そのままスチコンに差し込む。今回は1段のみ焼成。同店では最大4段分を焼成。

一般的なカヌレ型よりも細長い形をしたオリジナルの型を採用。

工程 3 のポイント

カリッと仕上げるためにホットエアーモードに切り替え、プラス10℃に。庫内湿度を0%にして蒸気を廃気しながら焼き上げる。

焼き上がりの評価

色付きが強い表面部分は、ごく薄い層になっており、食べた時のカリっとした食感をより際立たせる。中は生地がみっちりと詰まっているような見た目だが、食べるとまるでカスタードクリームのように、口の中でとろける。

スチコンの均一な焼成により
固まるギリギリの配合を実現

髙木プリン

やわらかさと口溶けのよさを追求して開発。なめらかで口の中でクリームのようにすっと溶けてなくなっていくような食感が特徴。卵、牛乳、生クリーム、果糖、バニラエッセンスのみで作っており、卵感がしっかりとしながら後味はすっきりしている。

プリン

カラメル

[材料] 100㎖容器　約90個分

プリン液

- 牛乳…2640g
- 生クリーム(明治
「フレッシュクリーム35」35%)
…4785g
- 果糖卵黄…990g
- 卵白…206g
- バニラエキストラクト(ナリヅカコーポレーション
「バニラエキストラクト2018」)…49.5g
- 果糖…577.5g

カラメルタブレット
…90個(1個あたり3g)

[作り方]

①牛乳を80℃まで温める。生クリームを加える。

②加糖卵黄、卵白、バニラエキストラクト、果糖を混ぜ合わせる。

③1に2を加えて混ぜ合わせ、裏ごしする。

④容器にカラメルタブレットを入れ、3を1個あたり90g流し入れる。

③

⑤表面に霧吹きでアルコールをかけ、表面に浮いた泡を切る。

⑥**スチコンで焼成する（次ページ）。**

④

⑦スチコンから取り出す。粗熱を取り、冷蔵。

「髙木プリン」焼成の考え方

　プリンでは蒸気のコントロールがテーマでした。もともと口溶けとやわらかさを追求して開発した「髙木プリン」は、加熱してもなかなか固まりにくいレシピになっています。

　スチコンでは、まずたくさんの蒸気を当てて、1個ずつの温度を中までしっかり上げて、そこから焼き上げていきます。焼成温度は口溶けとやわらかさを重視し、90℃に設定。全体に均一に火が入っていく感じで、型の周りも固くならず、中心部分までしっかり火が入っています。スチコンの場合90℃に設定したら、これ以上温度が上がることはなく、固さも一定になり、分離もしません。

　一方オーブンだと、庫内温度は100℃を越します。また型の回り部分から熱が入っていくので外側がやや固く仕上がり、ムラもありました。

　またスチコンだとオーブンの時より固まりやすいことが分かり、以前より卵白の量を減らし、ギリギリ固まる状態にレシピを作り直しました。以前よりもさらに口溶けよくやわらかな仕上がりになっています。

　また、焼成時間をやや下げて、86℃で焼くこともあります。少し温度を下げることで、すが入りにくくなるのです。各店の容器の大きさや厚みによっても焼き上がりが微妙に違ってくるので、そこも考慮して焼成温度や時間を微調整してみてください。

焼成プログラム

工程	モード	温度	湿度	風量	時間
1	スチームモード	90℃	100%	3	25分

並べ方

風の通りをよくするために穴あきホテルパンを活用。1枚あたり多い時には50個分をのせて焼き上げる。容器がくっつくくらいに寄せてもしっかり蒸気が通る。容器は互い違いになるように並べていく。

ポイント

天板だと水分がたまるので、金網をセットして棚を作り、プリンを並べた穴あきパンをのせる。上下左右、なかでも特に下から蒸気が回ることで、プリンに安定して火が入っていく。

スチコンを使うメリット

オーブンでプリンを作っていた時は、オーブンに入れる時のプリン液の温度によって焼き上がりの時間が変わるので、毎回温度を計り、同じ温度に揃えていました。それでも中心温度が上がり切らず、中に火が通り切らないことも。しかしスチコンだと、入れる時のアパレイユの温度にそれほど影響されず、ほぼ同じ仕上がりになります。細かく設定しなくても均一に仕上がるので、生産性や衛生面の面でもメリットがあります。

蒸し上がりの評価

容器を軽く揺らすと表面がゆれるほどやわらかな仕上がり。冷ましたものを試食すると、なめらかですっと口溶けし、程よい甘さとミルキーな風味が口いっぱいに広がる。

プリン＋フルーツゼリー！
ショーケースを彩る新スイーツ

アレンジメニュー

ボトルスイーツ

ジャムビンを容器にし、プリンとゼリーを二層仕立てに。コクのあるプリンと清涼感のあるゼリー、フレッシュフルーツの味わいや食感が好相性で、見た目の楽しさと新味を提案する。

季節のフルーツ（イチゴ）
ゼリー
プリン

[材料]

ジャムビン（直径5.5cm×高さ7cm）1個あたり

プリン液（P165参照）…60g
ゼリー液*1…適量
季節のフルーツ（皮などをむいて適度な大きさにカットしたもの）…80〜100g程度

[作り方]

①容器にプリン液を入れ、**スチームモード（96℃、湿度100%、風3）で25分焼成する。**

②急冷した後、ゼリー液を足し、生のフルーツを加える。ゼリー液はフルーツを乾燥から防ぐ意味もあるので、ゼリー液の量はフルーツの量に合わせて調整し、ビンのふちまで注ぎ入れる。

*1 ゼリー液

[材料] 仕込み量	[作り方]
水…500g ビート糖…70g ゲル化剤（富士商事「パールアガー8」）…10g ライチリキュール…15g	①水を1〜2割ほど取り分け、ビート糖とパールアガーを混ぜて溶かす。 ②残りの水を沸かし、1を加えて混ぜ合わせ、沸騰直前まで加熱。 ③ライチリキュールを加え、90℃ぐらいまで加熱し、アルコールを飛ばす。冷まして使用。

ONE POINT

「髙木プリン」の容器より、ビンで厚みがある分、少し温度を上げて焼いています。プリン液の量は通常のプリンよりも少ないのですが、焼成時間は同じです。

提供用のビンでそのままスチコンにかけ
果実感とスイーツ感あふれる一品に

桃のコンポート

モモ（蟠桃）を使ったコンポート。ビンに詰めてスチコンで加熱し、風味を逃さずビンの中でコンポートに。少量のクリームを加えることで、上質なスイーツのように仕上がった。パンやヨーグルトにかけたり、ローストポークや生ハムに添えたり。シロップ部分をジンやラムなどと組み合わせ、炭酸で割ってカクテルにするのも合う。

モモのコンポート
ピュレ状のモモ

［材料］

ジャムビン（直径5.5cm×高さ7cm）11個分

モモ…3kg
ビート糖…500g
ビタミンC…4g
レモン汁…25g
乳主原クリーム（明治「ルミエージュ」18%）
…66g（1個あたり6gで計算）

毎年8～9月頃に、長野県「塚平農園」から届く蟠桃を使用。ゼリーやジャムにも活用する。

［作り方］

① モモの皮をむき、種を取り除き、ボウルにビート糖、ビタミンC、レモン汁、乳主原クリームと合わせて混ぜる。

② ビンの中に果肉の固まり部分を入れる。1個あたり130g。

③ さらに、ボウルに残ったピュレも注ぎ入れる。1個あたり190g。

④ ビンの蓋を閉め、穴あきホテルパンの上に並べる。

⑤ **スチコンで焼成する（次ページ）。**

⑥ スチコンから出し、ビンの蓋をぎゅっと締め直す。

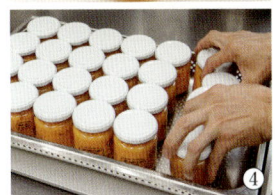

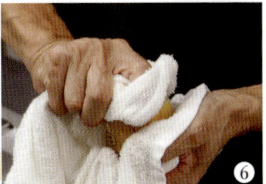

「桃のコンポート」焼成の考え方

モモをビン詰めにし、スチームをかけてビンの中でコンポートに仕立てました。密封して風味を閉じ込めた状態で加熱できるので、モモの風味が濃縮されてとても香り高く仕上がっています。ビート糖の使用量は少なめで、モモ自体の甘さを活かしています。さらにフルーツと相性のよい植物性のクリームを加え、デザート感を高めました。

湯煎などの手間もかからず、扱いやすいのもこのレシピの良いところです。

様々な果物でのアレンジがきき、季節感を打ち出せるアイテムでもあります。イチゴやナシ、柿など、固さなどに関わらずど

のような果物でも商品化可能です。中で崩れることはないので、焼成時間は今回のモモの1時間20分より長くしても大丈夫です。使用するビンの大きさや厚みにより調整してください。ただし加熱による殺菌効果も大事ですし、フルーツ自体に味もしみ込みやすくなるので、今回の量だと80分以上は加熱したいところです。固いフルーツの場合、ちょっと固さを残してシャキシャキ感を出してみてもよいでしょう。

果物との相性を考えつつ、シナモンスティックや八角、ピンクペッパーなどスパイスを入れても面白く、見た目にも贅沢で彩りよく仕上がると思います。

焼成プログラム

工程	モード	温度	湿度	風量	時間
1	スチーム	99℃	100%	3	1時間20分

工程 1 のポイント

どのような果物を使った場合でも、1時間20分ほど加熱するとしっかり火が入る。果実感を残したい場合、加熱時間を多少短く調整してもよいが、加熱による殺菌作用も考えているので、あまり短くしすぎないこと。

並べ方

穴あきホテルパンに隙間なく28個を並べる。スチコンに天板を差し込んで棚を作り、その上に穴あきホテルパンをのせる。今回は1段のみスチーム。ビンの重さも加わってかなり重量があるので、安全性も考えて今回一番下の1段のみで焼成。

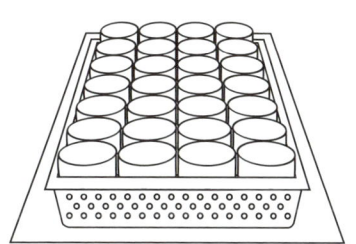

冷ました状態の評価

今回のモモの場合、とろっととろけるような食感に仕上がっている。ピュレ部分はソースのような状態。そのまま食べてもよいし、色々な食材にのせて食べたり、ドリンクのベースにしても。

多品目に共通するパーツのレシピ

クレーム・ダマンド（アーモンドクリーム）

[材料] 仕込み量

無塩バター…2400g
発酵バター…1800g
粉糖…2800g
全卵…2800g
皮むきアーモンドパウダー…3200g
脱脂粉乳…240g
カスタードクリーム…3500g
ケーキクラム…2000g

[作り方]

①粉糖と脱脂粉乳を混ぜておく。

②バター2種類を合わせ、1をすり混ぜる。

③2に全卵を3回くらいに分けて加え、すり混ぜる。
　カスタードクリームを加え、すり混ぜる。

④3にケーキクラムを加え、よく混ぜ、アーモンド
　パウダーを加えてすり混ぜる。

カスタードクリーム

[材料] 仕込み量

加糖卵黄…1250g
果糖…500g
バニラシュガー（グラニュー糖と
バニラビーンズを60:1で合わせたもの）…75g
ビート糖…200g
薄力粉（ニップン「アンシャンテ」）…275g
牛乳…5ℓ
バニラエキストラクト（ナリヅカコーポレーション
「バニラエキストラクト2018」）…40g
バニラペースト…25g
無塩バター…200g

[作り方]

①加糖卵黄、果糖、バニラシュガー、ビート糖を混
　ぜ合わせ、白っぽくなるまですり合わせる。

②1に薄力粉を加えて混ぜる。

③牛乳を沸かし、2の中に入れてしっかり混ぜ合わ
　せ、裏漉しする。

④バニラエキストラクト、バニラペースト、バター
　を合わせ、温めて溶かす。

⑤3を、中心部分が沸騰し、とろみがつくまで強火
　で炊き上げる。4を加えてさらに1分ほど加熱し
　ながらしっかり混ぜ合わせる。

⑥氷水で急冷する。

ホイップクリーム

[材料] 仕込み量

生クリーム（森永乳業「大雪原42」42%）…1000g
生クリーム（森永乳業「フレッシュヘビイ クリア」41%）…1000g
乳主原クリーム（森永乳業「FH36」36%）…1000g
果糖…180g

[作り方]

①ミキサーに生クリーム3種類と果糖を合
　わせて用途に合った固さに泡立てる。

CHAPTER 4

スチコン焼成の考え方

材料を自家製する

スチコンを使えば、お菓子の材料も簡単に自家製できます。コンポートやジャム、モンブランペーストなど、好みの味や食感を自在に調整しながら、業務用よりも低コストで仕上げることが可能です。自家製材料で、他にはない店の個性を引き出してみましょう。

※焼成に関わる数値や表現は、著者が使用するスチコン（ラショナル「iCombo Pro 10-1/1」をオプションでフランス天板仕様の8段へ変更）での調理に基づく。また同メーカーの呼称に準じ、コンベクションモードをホットエアーモードと表記する。

コンポートを作る

スチコンにおけるコンポートづくりは、均一な火通りで型崩れせず、見た目も美しく仕上げることができるのが利点。また、スチームの力でシロップの風味がしっかりと果実に浸透するため、味わい深いコンポートが簡単に完成する。今回はより実用的な例として、プレザーブのリンゴを用いたタルトタタン用のコンポートを紹介。このほか、旬のフレッシュなフルーツを使えば季節感を打ち出すことができるし、地元のフルーツで地産地消を謳えば付加価値アップにもつながる。

リンゴのコンポートの作り方

バットにバター適量をまんべんなく塗り、紅玉のシロップ煮（プレザーブ）2kgを入れる。

シナモン1gとクオーターエピス0.1gをかけ、混ぜ合わせて平らにならす。

アルミホイルで密封する。

スチコンのコンビモード（170℃・湿度50%・風3）で1時間30分加熱する。

スチコンから取り出して、加熱具合を確認。再度アルミホイルで覆う。

粗熱が取れた状態。形も食感も残った状態で仕上がる。冷蔵庫で2〜3時間おいて落ち着かせる。

リンゴのコンポートを使ったお菓子

タルトタタン

風味がつよい国産の紅玉を、酸味を活かして仕上げ、たっぷりのマスカルポーネクリームを組み合わせた。さらにスチコンで焼いたサクサクのパート・ブリゼ、クレーム・ダマンドでバランスよく仕上げている。

- ナパージュ
- リンゴのコンポート
- マスカルポーネ・クリーム
- パイクラム
- クレーム・ダマンド
- カスタードクリーム
- パート・ブリゼ

タルトタタンの組み立て

①リンゴのコンポートをフレキシパンに詰めて冷凍したものを、型から外し、粉糖を振ってバーナーでキャラメリゼする。

②パート・ブリゼにマスカルポーネ・クリームを重ねた土台に1をのせ、最後にリンゴのコンポート部分にナパージュを塗る。

ジャム・ピュレを作る

収穫期に安く仕入れたフルーツや、形が悪くそのまま使えなかった果物も、スチコンを使って効率的にジャムに加工できる。冷凍保存しておけば、必要なときにロスを減らしながら商品化が可能。スチコンは火入れの調整も簡単で、ジャムとしてビン詰めにするほか、ピュレ状に仕上げればクリームやムースのベースにも。配合や仕上げ加減により、多彩な用途でオリジナルの味わいを生み出せるのも魅力だ。ここではイチゴを用い「ジャム」と「ピュレ」を多段調理で同時に仕込む例を紹介する。

イチゴジャム・イチゴピュレの作り方

イチゴピュレ	イチゴジャム
[材料] 仕込み量	[材料] 仕込み量
イチゴ…2kg	イチゴ…2.5kg
ビート糖…300g	ビート糖…800g
（イチゴの重量の15%量）	ペクチン…30g
	ビタミンC…10g

ピュレ、ジャムは、それぞれボウルで材料を混ぜ合わせてからバットに移し、平らにならす。

それぞれのバットの表面をアルミホイルで覆い、密封する。

【ピュレの完成】

スチコンに金網を差し込んで棚を作り、ピュレとジャムのバットを入れ、**コンビモード（150℃・湿度60%・風3）で50分加熱する。**

バットをスチコンから取り出す。右がピュレ、左がジャム。

ピュレ用のイチゴを高さのある器に入れ、ハンドミキサーにかけ、ピュレ状にする。
▶イチゴピュレを使ったお菓子をP180・181に掲載

イチゴジャム

スチコンのコンビモードで熱を入れて焼くので、イチゴの香りが逃げず、風味豊かなジャムに仕上がる。今回は少しやわらかめの仕上げ。固さはペクチンや糖度で好みに調整可能。

6

ジャム用のイチゴを高さのある器に入れ、ハンドミキサーにかけ、ペースト状にする。

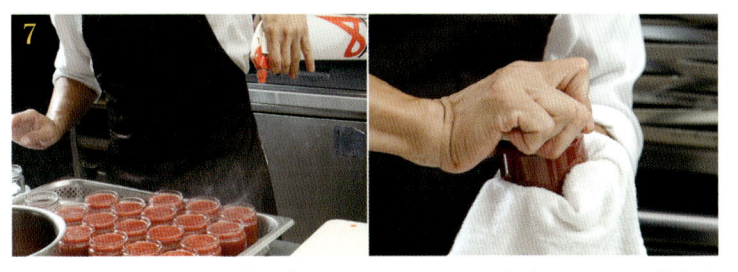

7

ジャムビンに6を210gずつ流し入れ、アルコールを吹きかける。蓋をきゅっと締めて密閉。穴あきホテルパンに並べる。

【ジャムの完成】

8

スチコンに金網を差し込んで棚を作り、7を入れる。**スチームモード（99℃・湿度100%・風4）で1時間20分加熱する。**

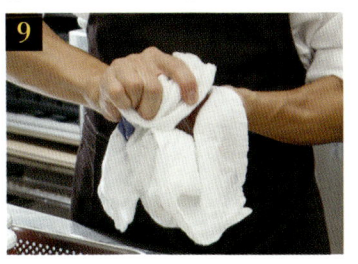

9

スチコンから取り出し、蓋をぎゅっと締め直す。

イチゴのピュレを使ったお菓子

ストロベリーパイタルト

季節ごとに旬のイチゴを使って販売している
イチゴのタルト。イチゴとの相性を考え、パイ
生地を土台に使用。イチゴのピュレをホイッ
プクリームに練り込み、イチゴの風味をより
強調している。

- ナパージュ
- イチゴ
- 苺クリーム
- ホイップクリーム
- カスタードクリーム
- アーモンドクリーム生地
- パート・ブリゼ

とちおとめの苺の生パイ

イチゴとやわらかなスポンジが好相性の風味豊かなお菓子。パイをクラッシュしたパイクラムをロールケーキの周りにまぶし、パイの香りと食感をプラス。『アントレ』のロングセラー人気商品のひとつ。

ナパージュ
とちおとめ
ホイップクリーム
苺クリーム
イチゴジャム
カスタードクリーム
苺シロップ
苺のロールケーキ
パイクラム

穀類を加工する

カボチャや栗、サツマイモなどの穀類も、スチコンを使えば簡単にペーストに加工できる。スチーム加熱により、均一に火が通り、素材本来の甘さや風味を引き出しやすくなるのが特長。また、水分量が程よく保たれ、なめらかな仕上がりに。余分な水分を加えずに濃厚な味わいが出せるため、後の調整がしやすく、菓子作りにも使いやすい材料となる。ここで紹介するのは和栗のモンブランペーストで、毎年茨城の笠間から早生の時期に仕入れて一気にふかし、冷凍保存して通年で使用している。

モンブランペーストの作り方

《1日目》
栗が届いた日に行うこと

1 栗は農家で皮が剥かれ、氷漬けの状態で店に届く。その日のうちにすぐにふかす。

2 栗を穴あきホテルパンに入れ、平らにならす。1台あたり2kg。4枚分を一度に加熱する。

3 スチコンの**スチームモード**（99℃・**湿度100%・風4**）で**30分加熱**する。風を強く回し、圧力をかけながら蒸し上げる。

4 穴あきホテルパンからボウルに移す。

5 粗熱を取り除き、ビニール袋に1袋あたり2kgを入れて密閉する。ブラストチラーで急冷し、冷凍保存。

《2日目以降》

「丹沢栗の黄金色モンブラン」を
作る日に行うこと

解凍法 小分け冷凍した栗（1袋…2kg）を使用する前日に
冷蔵庫に移し、半解凍状態にしておく。

穴あきホテルパンに入れ、平らに
ならす。

スチコンの**スチームモード**（99
℃・湿度100％・風4）で**10分加熱
する**。

ボウルに移す。

栗が熱いままの状態で、ロボクープにビート糖800g、水あめ400g、乳主
原クリーム（明治「ルミエージュ」18％）50gを入れる。

1500回転／分で撹拌をスタート。ある程度なめらかになったところで回
転数を3000回転／分に上げ、4〜5分撹拌する。

ONE POINT

ロボクープで撹拌する際、
かなりの摩擦熱が生まれ
ます。この熱を使って、
栗のでんぷんのα化を図
り、ホクホクした栗の風
味を出します。色も白っ
ぽい色から黄色っぽい色
へ変化。

シノワで裏漉しする。後ほど絞る
際に粒が残ると絞りにくいので、
粒が残らないようにしっかりと漉
す。1〜2日で使い切る。

▶モンブランペーストを使った
お菓子をP094に掲載

果物の湯むきをする

スチコンで強いスチームを短時間かけて表面だけサッと熱を通すことで、湯むきと同様に皮をするっと剥くことができる。ムラなく均一に熱を入れることができ、仕上がりがきれいなのが特長だ。寸胴でお湯を沸かす手間や温度管理、火傷のリスクも少なくなる。ここで紹介するモモをはじめ、プラム、キウイなどにも応用できる。フルーツのフレッシュ感を打ち出すお菓子作りや、コンポートやジャム作りの下処理としても覚えておきたい方法だ。

「モモ」の湯むきの作り方

[材料] 仕込み量

モモ…2個
ビタミンC……適量
水…適量
レモンナパージュ*…適量
粉糖…適量

*レモンナパージュ

レモン汁80g、PH調整剤20g、粉糖50gなどを混ぜて作ったもの。

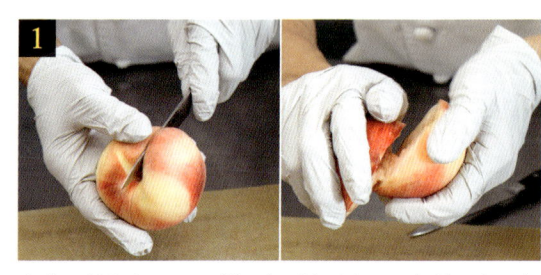

1 十分に熟したモモに縦に包丁を入れ、刃を種にあてながらモモを回転させて切り目を入れる。右手と左手を逆方向にひねり、半分に割り、種を取り除く。

2 ボウルに水とビタミンCをいれ、1を1分ほど漬ける。断面を下にし、天板に並べ、**スチコンのスチームモード（99℃・湿度100%・風4）で1分20秒加熱する。**

3 スチコンから取り出し、ビタミンCを加えた水に再度1分ほど漬けた後、キッチンペーパーの上に断面を下にして置き、水気を切る。

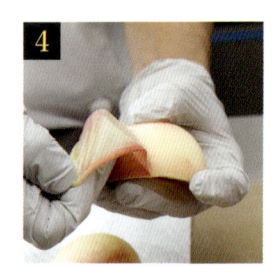

4 手でモモの皮を剥く。

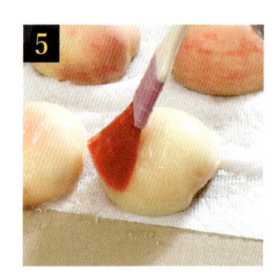

5 桃の表面にレモンナパージュを塗る。断面は盛り付け時に隠れるので塗らなくてよい。

6 粉糖を上からふりかける。

湯むきしたモモを使ったお菓子

桃のタルト

スチコンで皮だけツルリとむいたフレッシュなモモ1/2個を贅沢に使用。土台にはクレーム・ダマンドをたっぷりのせたタルトを使用し、マスカルポーネチーズを練り込んだ生クリーム、カスタードクリームなどを組み合わせつつシンプルにまとめ、モモのおいしさを引き立てる。

- ナパージュ
- モモ（フレッシュ）
- カスタードクリーム
- マスカルポーネのホイップクリーム
- ケーキクラム
- ベリーのジャム
- クレーム・ダマンド
- パート・シュクレ

ENTRÉE

『アントレ』のスチコンの時間割

1台のスチコンを1日の中でどう活用するか。『アントレ』では毎日8〜10時間の中で効率的な稼働スケジュールを工夫し、さまざまなメニューを効率よく生産している。ここではとある一日のタイムテーブルを紹介する。スチコンの効果的な使い方や、どれだけの品数を生産できるかの目安にしてほしい。

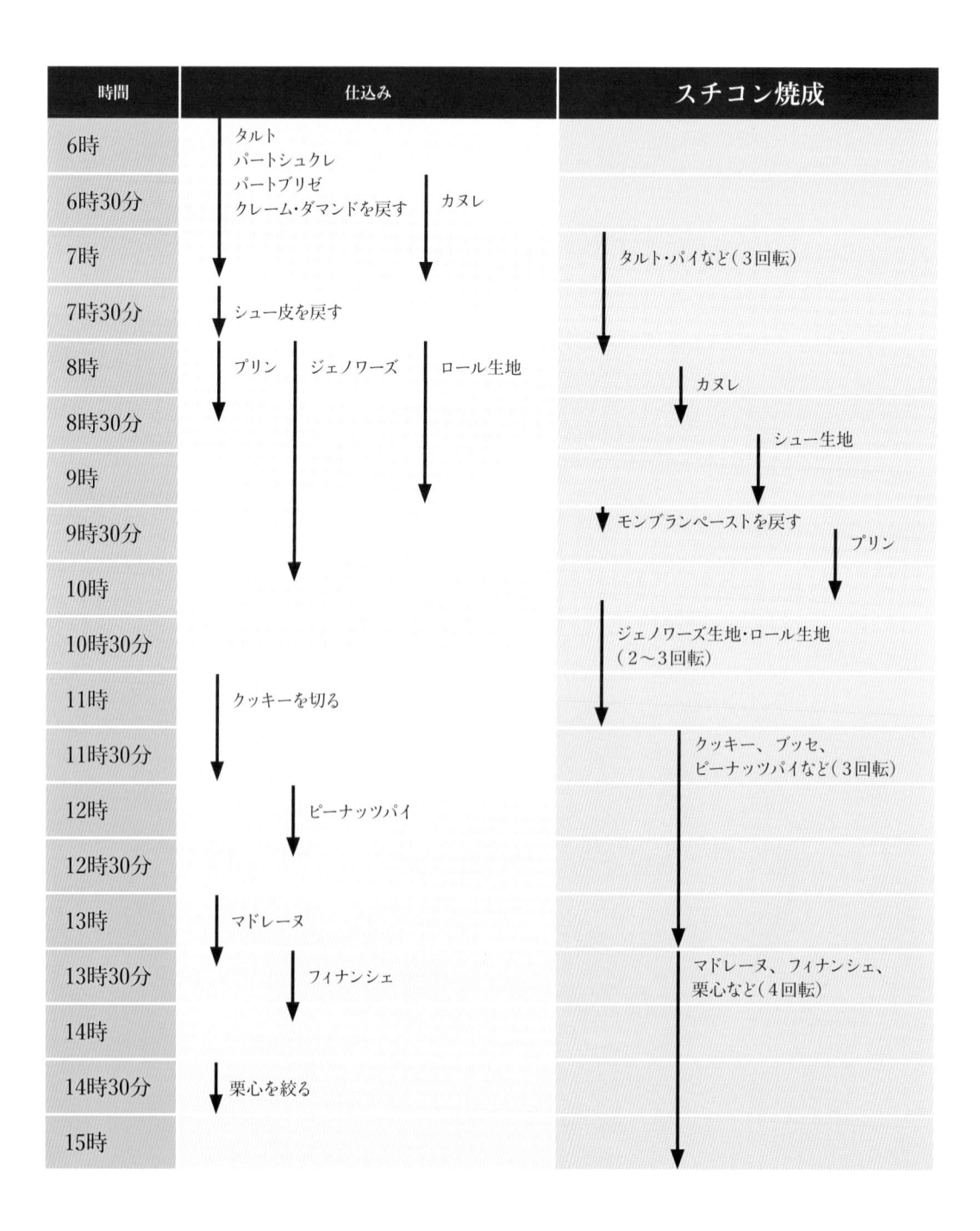

時間	仕込み		スチコン焼成
6時	タルト		
6時30分	パートシュクレ パートブリゼ クレーム・ダマンドを戻す	カヌレ	
7時			タルト・パイなど（3回転）
7時30分	シュー皮を戻す		
8時	プリン　ジェノワーズ	ロール生地	
8時30分			カヌレ
9時			シュー生地
9時30分			モンブランペーストを戻す　プリン
10時			
10時30分			ジェノワーズ生地・ロール生地（2〜3回転）
11時	クッキーを切る		
11時30分			クッキー、ブッセ、ピーナッツパイなど（3回転）
12時		ピーナッツパイ	
12時30分			
13時	マドレーヌ		
13時30分		フィナンシェ	
14時			マドレーヌ、フィナンシェ、栗心など（4回転）
14時30分	栗心を絞る		
15時			

SECTION 4

『アントレ』の厨房レイアウト

『アントレ』では多くのお菓子をスチコンで焼成しており、ほぼ一日稼働させている。効率的なスチコン活用には厨房レイアウトも重要だ。下図がアントレの現在の厨房レイアウトで、仕込みからスチコンへの入庫、スチコン出庫から急冷などを考えた配置を行い、スムーズな作業動線を確立している。

以前はアイス室として壁で仕切っていた部分を改装し、スチコンとウォーターカッターを導入。スチコンからの排気のためにダクトを移動し大きなフードを設置。

スチコンの下にブラストチラーを設置。スチコンで加熱焼成した生地を、常温で粗熱をとるものを除き、急冷できる動線を工夫。

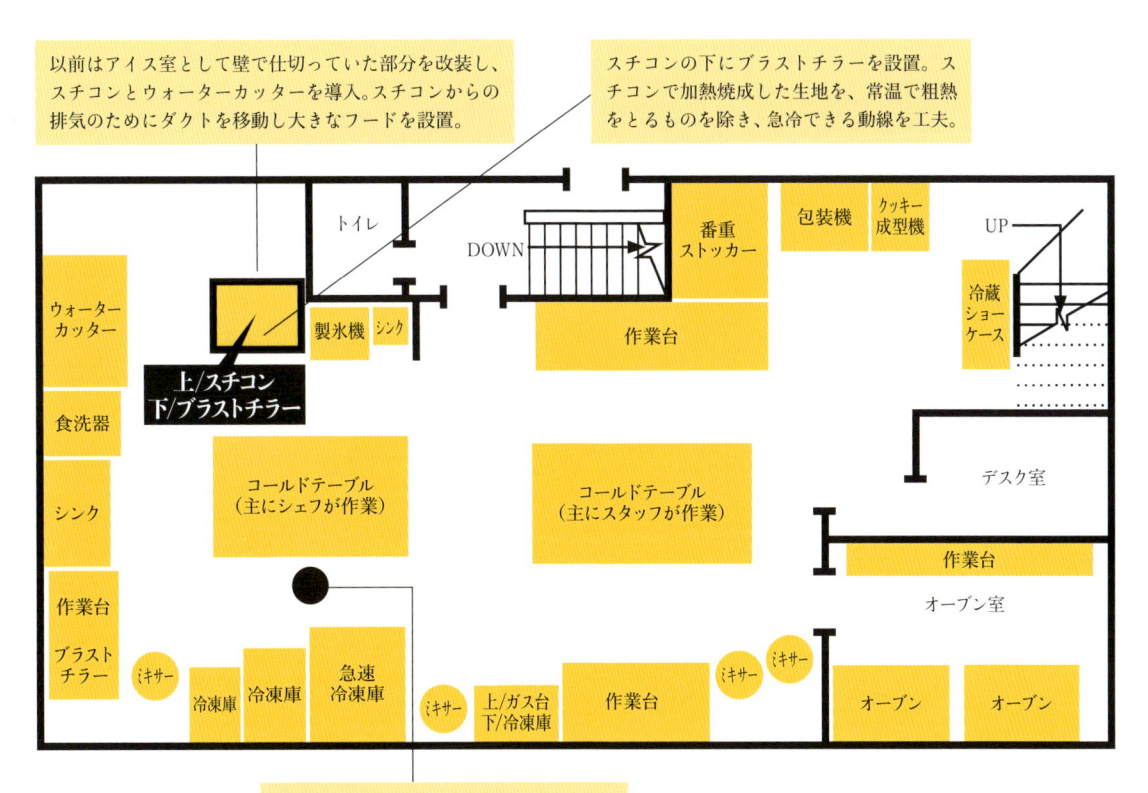

シェフは主に●の位置で作業することが多く、作業しながらスチコン内の状況を確認できるよう、正面にスチコンを設置。

女性スタッフでも安心

従来プリンを焼成する際は、湯を張った天板を持ち運ぶため、火傷のリスクがあったり、運搬者の力に合わせ、持ち運びの個数が制限されたりするが、スチコンではその悩みも軽減できます。女性スタッフでも安心して扱える点が魅力です。近年増えている女性店主の店舗にもおすすめできます。

『アントレ』の
売り場づくりの工夫

外観はケーキの箱、店内はその箱の中をイメージし、
約14坪の空間に多彩なお菓子を取り揃えている。

1 扉正面に名物の「ピーナッツパイ」を陳列。スペース拡大や専用看板で売れ筋に育てた。

2 メインのショーケースでは、一押しケーキを上段の中央に配置。器づかいや段差のあるディスプレイで賑わいを出す。

3 路面は日光が当たるためお菓子は並べず、季節感のある雑貨などで飾る。一部は遮光し、紅茶の物販を展開。

4 冷凍ケースも設置。通年で訴求することで夏場に売れるという。

5 中央の島陳列は高さを出して奥を見せず、順を追って商品を見てもらう仕掛けに。

6 クッキーアソートは本型の箱を使用。本棚の雰囲気を演出。

7 贈答品などはショーケース内で整然と見せる。

8 造花のブーケやカードも用意。お祝いのお菓子と購入する人も多い。

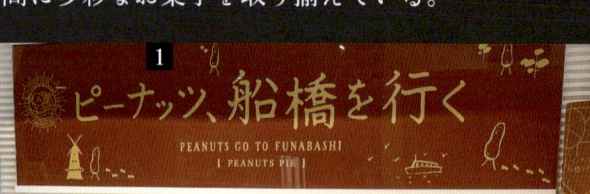

菓子業界において、まだまだスチコンの導入例は多くない。菓子業界歴20年以上という「アントレ」髙木シェフも、スチコンとの出会いは最近のこと。その中で試行錯誤しながら検証を繰り返し、スチコンを活用した新たな調理法を確立しつつある。その髙木氏のレシピの数々は、フレンチ出身で、現在ラショナル・ジャパンのコーポレートシェフとして指導を行う側である岡田浩和シェフにとっても、斬新さを感じるものだったという。

「革新の焼き菓子 - スチコンがもたらすスイーツの新たな可能性」

髙木シェフとラショナルのコーポレートシェフが語る、次世代のお菓子作り

スチコンがスイーツに与える変化

髙木シェフ　最初はプリン製造のためにスチーム機能が便利だと考え、導入を決めました。洋菓子では"蒸し焼き"という概念があまりないので、最初はなかなかコンビモードの使い方に慣れず、それほど使っていませんでした。生地がちゃんとうまく焼けなかったり、生地の水分量が多すぎてべたっとしてしまったりするのでは、など色々不安があったのです。でも検証を重ねるうちに機能と効果が分かってきて、多くの新たな気付きがあり、新商品開発にもつながっていきました。30年以上やってきて50歳を超えて、レシピや作り方、コンセプトなどが固まってきている。そこに新たな刺激を与えてくれたのがスチコンでした。
色々試していくうちに、スチームをかけることで生地が膨らんだり、中まで火が入ったり、温度の周りが早いといった大まかな特性が見えてきました。そこでテストとしてリンゴのパイを焼いてみた時、パイ生地、クレーム・ダマンド、シロップ煮のリンゴという3つの異なる素材の層が、どれもいい感じに焼けたのです。

これまでオーブンで焼くと、どうしても一番下のパイ生地に水分が落ちてきて湿気ってしまいがちでした。それがずっとクリアできなかったのに、スチコンだといとも簡単にできてしまう。魔法のようだと思いました。スチコンを活用するとお菓子づくりにもっともっと色々な可能性が生まれて、パティシエ人生を楽しい時間にしてくれるのではという予感を感じました。

岡田シェフ　私もフレンチ時代は鍋でやってきたので、スチコンのスチームモードで野菜を蒸すより、鍋で茹でればいいのではと思っていた頃がありました。修業した店にはコンベクションオーブンがあったのですが、じっくりと塊肉をストーブの端っこで1時間かけてゆっくり加熱するとか、昔ながらの調理法が好きなシェフで、私もスチコンには先入観がありました。でも20種類の野菜をベストの状態に火入れしようとすると時間も手間もかかりますが、スチコンだと各段ごとに同時に加熱でき、野菜の旨味も逃さず食感も思い通りに仕上がります。使ってみて初めて、先入観だけではダメだなと感じました。また今の時代、人手が集まらずに店を続けられないという話もよく聞きます。生産性の面からもスチコンは時代に求められていると感じています。

スチコンの技術をいかした
お菓子づくり

髙木シェフ　日本の菓子店では、コンベクションオーブンやスチコンを置いている店はまだ少ない。ヨーロッパでは私の修業時代にもすでに、コンベクションオーブンを取り入れているお店がたくさんあり、当時私はそのすごさに気付いていなかったのですが、油の多い生地をふわっと浮かせて短時間でパリッと焼き上げるなど効率的に活用していました。スチコンではさらに蒸気の要素が加わってより複雑になりましたが、それが新たな調理法の開拓につながりました。

　最初の頃は、型に入れたものは火が通りにくいのでは、スフレみたいな軽い生地もメレンゲが沈んでしまうのではとか、色々心配しました。しかし試してみると思っていたのと逆で、焼き沈みせず、薄焼きの生地もふわっと焼けました。また食感も変化し、ロール生地は生地構成が変わって口溶けがよくなるなど、新たなおいしさが生まれています。

洋菓子は基本的に冷たい状態で食べるもの。冷やして食べると風味や香りなども通常より感じにくくなるのでフレーバーを加えたりしますが、私は素材そのものの香りを活かしたいと考えています。スチコンでスチーム機能を使うと、お菓子の風味感も残りやすい。モンブランに使う栗なども、以前は圧力釜で炊いて冷凍し、電子レンジで再加熱していたのですが、加熱工程をラショナルのスチコンによるスチーム加熱に変えると、香りが驚くほど変わり、より風味よく仕上がるようになりました。

岡田シェフ　髙木シェフのカヌレの調理を見せて頂いたのですが、通常と考え方がまったく違って、最後は型から抜いて焼き上げるなど斬新な製法でした。食べてみると表面も非常にカリッと、中はモッチリしていてとてもおいしい。他のお店に指導する際にも参考にさせて頂いています。

髙木シェフ　これまでお菓子業界では、生産性を上げたり、均一に仕上げたりといった面が重視されてきました。しかしコンビニスイーツなども台頭していくなか、それだけでは営業的にも難しくなります。個人店ではより一つひとつのクオリティーを上げていくという方向性も必要な時代。料理の場合、食材に合わせて加熱の温度や時間など微調整を行ないますよね。スチコンでも温度や湿度、風量など細々と微調整できるので、"お菓子を調理する"という感覚で、より高い品質、おいしさを追い求めていくことが可能だと思います。

検証の際は、スチーム量1％単位の違いで、表面の乾き方や食感が変わる。またほんの1、2分、いや数秒加熱時間を変えるだけで仕上がりが違ってくると感じました。ラショナルのスチコンでは蒸気量を1％単位で調整できます。これまで漠然と「もっとしっとり焼きたい」などと考えて焼いていましたが、いまは何％の"しっとり"なのか、数字で見て確認することができます。これはすごいことです。また一度プログラムを組んだら、毎回同じように自動調理ができる。間違いが起こらず、さらにそのデータを残しながらアップデートしていくことも可能です。これもいい機能だと思います。

岡田シェフ　ラショナルのスチコンは、加湿はもちろん除湿にもこだわっています。過熱すると食材から水分が出てきて庫内の水分量が上がりますが、コンビモードでは余分な水分を庫外に素早く排出し、設定した湿度にしてくれます。そのために排気管を大きくしたり、ファンを増やしたりと機器をバージョンアップさせてきました。またラショナルの製品のアドバンテージは、やはり蒸気の細かさにあると思います。特に高湿度にした時に、表面に水分がまとわりついてしまったり、表面に水滴がついてしまったりすることもありますが、軽い蒸気(過熱蒸気)なので、湿度を高く設定した時にもほどよい水分量で、食感も軽く仕上げることができているのかもしれません。

スチコンとスイーツの可能性

岡田シェフ　私はユーザーの方に、スチコンを使いこなせないと連絡を頂いてサポートに行くこともあります。その場合どのようなモードがいいのか、湿度を何パーセントにしたらよいのかなどと質問を受けます。そういったお客様の多彩な問題を解決するために、ラショナルのスチコンには芯温センサーや自動調理などを導入し、製品の機能で問題をカバーしていこうと進化させてきました。

髙木シェフ　スチコンの基本的な機能に加え、各店で求める味や仕上がりに合わせて色々試行錯誤すると、よりクオリティーが高まると思います。今回紹介したレシピも、あくまでも私の店で、私が表現したい商品を作り上げるためのもの。それぞれのお店の機種や目指す味わいに合わせて、この本を参考に試行錯誤して自店の味を作り上げていってもらいたいですね。

髙木シェフ オーブンを変えるとレシピも変える必要があると言われたりしますが、新たにレシピを開発するのはとても大変なことです。しかしこの本で紹介しているレシピは、基本的にオーブンで焼いている時と同じ配合です。同じように焼けるだけでなく、よりよくなったり、新しい食感に出会えたりしています。それがおいしくなければ意味はないですが、よりおいしいのでプラスになっているかなと。スチコンは開業時に導入しようと考えると、価格面からもなかなか大変だと感じるかもしれません。しかしパティシエはオーブンがないとお菓子を作れません。オーブンを導入すると考えると、スチコンも選択肢として非常にいいアイテムかと思います。

うちはおかげさまで50年、ずっと同じ地でやり続けていて、親子3、4代続けて来てくれるお客様もいます。伝統を守り続けることも大事ですが、新たな息吹を入れて新しいことにチャレンジしていくことも大事。スチコンを入れて本当によかったと確信しています。

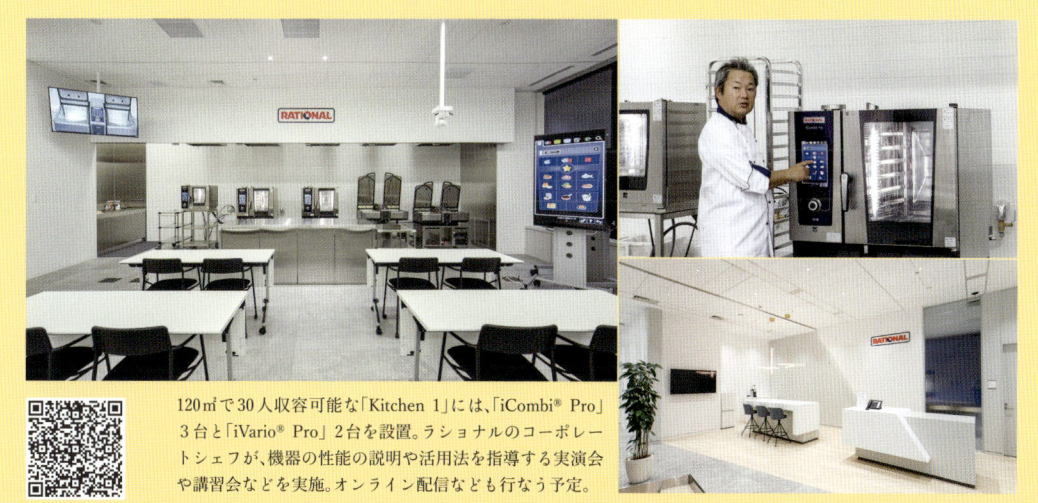

「スチコンに実際に触れて学べるトレーニングセンター」

東京・水道橋の㈱ラショナル・ジャパン本社には、トレーニングセンターが設置されている。2024年に拡張・リニューアルを行い、556㎡に拡大。3つのテストキッチンには、「iCombi® Pro」や「iVario® Pro」などが設置されており、実際に機器を見て、触れて、試すことが可能に。購入検討者に向けた無料の調理実演会「RATIONAL live」や、購入後のユーザー向けの講習会「Academy RATIONAL」が定期的に開催されている。その他、ユーザーが個別に調理指導を受けたり、試作などを行なったりすることもできる。

調理実演会の
お申し込みはこちら

120㎡で30人収容可能な「Kitchen 1」には、「iCombi® Pro」3台と「iVario® Pro」2台を設置。ラショナルのコーポレートシェフが、機器の性能の説明や活用法を指導する実演会や講習会などを実施。オンライン配信なども行なう予定。

株式会社ラショナル・ジャパン Tel:03‐6316‐1188 URL: https://www.rational-online.com

菓子工房アントレの毎日を支える

信頼の製品・企業

『アントレ』のスチコンによる新しい味づくり、店づくりは、髙木シェフが確かな目で選び出した数多くの製品や企業によって支えられている。その中の主要な一部を紹介。

バニラエキストラクト2018
パールシュガーC30

バニラビーンズ特有の「甘香」「酸香」「苦香」をバランスよく持つ、天然バニラ香料「バニラエキストラクト2018」。「パールシュガーC30」は、ベルギー産の焼成・トッピング用砂糖。焼成しても完全に溶け切らずにシャリっとした独特の食感とほのかな甘みが残る。

CHEF'S COMMENT

「バニラエキストラクト2018」は、バニラ抽出の技術がとても良く、香りのバランスがとても気に入っています。生菓子から焼き菓子まで幅広く使用しています。「パールシュガーC30」はシンプルなお菓子などにアクセントを加えたい時に最適です。

㈱ナリヅカコーポレーション／ https://www.narizuka.co.jp

乳主原クリーム

ルミエージュ

新タイプの植物性クリーム

植物性脂肪分18%のホイップクリーム。軽い食感と口溶けのよさが特徴で、コクがありつつも素材の風味を引き立てる味わいに仕立てており、他素材と組み合わせたメニューにも活用可能。低脂肪乳は一般にホイップ時間が長くかかる傾向があるが、独自技術により短時間でホイップ可能で、作業効率向上にも役立つ。

乳等を主要原料とする食品
【内容量】1ℓ、10ℓ　【保管温度帯】　要冷蔵（3〜7℃）

明治フレッシュネットワーク㈱／ https://www.meiji-fn.com/

CHEF'S COMMENT

他のクリームの補強材的な役割として、ブレンドして使うことが多いです。数%加えると保形力が高まり、夏場や、まとめて仕込んでおきたい繁忙期などでも安心です。メインのクリームの味わいも邪魔せず、口溶けもよく後味もすっきりと仕上がります。またビンに詰めた「桃のコンポート」にも「ルミエージュ」を加えていますが、独自製法により分離することなく、そのまま食べられるデザートになりました。

キリ® クリームチーズ

フランスの老舗クリームチーズ

1966年にフランスで発売され、現在世界130か国で販売されている「キリ クリームチーズ」。日本でも1983年から販売され、クセがなくフレッシュで、やわらかくなめらかで加工しやすく、愛用しているプロも多い。フランス・ロワール地方にある工場で作られており、使用するミルクは鮮度を保つため、工場から150キロ圏内の契約牧場で搾乳されたミルクを使用している。

ベル ジャポン㈱／ https://www.bel-japon.com/professional/

CHEF'S COMMENT

キリ クリームチーズを高木チーズに使用してます。フランスでの修業時代、子供から大人までみんな大好きで、フランスの国民食のようだと感じていました。チーズ大国で長年愛され、日本でも認知度の高いクリームチーズです。「フランスの国民的なチーズを使って、日本の人たちに愛されるような国民的なチーズケーキを作りたい」と考え、「キリ クリームチーズ」を使って『アントレ』の名物商品の一つ「高木チーズ」を開発しました。長く同じ味わいの商品を作り続けることは大変なことです。味わいももちろん、長年愛されてきた歴史やブランドごとに使わせて頂いている、大好きなチーズです。

㈱前田商店

チョコレートやナッツ系に強み

1865年に創立し、1957年にカカオ豆の輸入とチョコレート製品全般の取り扱いを開始した商社・メーカー機能を持つ、老舗卸売問屋。1972年には日本で始めて「ベルギー産クーベルチュールチョコレート」を輸入。現在、カレボー®ブランドを主としたチョコレート、ナッツ製品、直輸入品、その他製菓原材料、製菓機械等を取扱う。国内外のより良い製品を取り揃えるだけでなく、自社加工品も提供している。

㈱前田商店／ https://www.j-maeda.co.jp/

CHEF'S COMMENT

メインのチョコレートとして、長年カレボーのスイートチョコレート、ミルクチョコレートを使用してます。世界中で幅広く使われており、価値が認められているブランド。いま単一豆で個性的なチョコレートが出てきていますが、自店のお客様の好みを考慮し、幅広い方たちに馴染みやすくてクセがない、日本人に合った甘みとカカオ感を持ったバランスのよい「カレボー811、823」を使っています。また前田商店さんは、アーモンドプードルやアーモンドダイスなどナッツ系にも力を入れていて、価格面からもいい商品が揃っています。

ナイスホイップV
フレッシュクリーム42%
グラナパダーノ　パウダー

主役級から欠かせぬ脇役まで
多彩にラインナップ

生クリームを中心とした業務用乳製品を長年提供し、食のプロからの信頼も厚い老舗メーカー。フレッシュクリームのラインナップは10数種類を取り揃え、保形性やホイップ性を強化した「ナイスホイップ」シリーズなど、高度な技術で開発したオリジナル製品の数々にも定評がある。

中沢乳業㈱／ https://www.nakazawa.co.jp/

レゴーミキサー

プロのこだわりを形にできるミキサー

首振りミキサーのパイオニア・レゴー社が、人間の手と同じ動きで泡立てたりかき混ぜたりできるミキサーとして開発。撹拌のスピード、首振り角度が無段階で調整可能で、空気の含ませ方もボタン一つで切り替えできる。乳化が難しい配合でも優れた乳化が可能で、商品の品質向上につながる。また失敗が少なくロス防止に役立ち、歩留まりが改善されることで利益率向上も見込める。

REGOミキサー　SM60
（SM40、SM30、SM10もあり）

ルーツ貿易㈱／ https://e-roots.co.jp/

関東商事㈱

材料と情報で専門店をサポート

製菓製パン原材料専門商社。ベーカリーや和・洋菓子店のよきパートナーとして、原材料の供給から情報提供、店舗デザイン・機械販売、冷凍生地製造まで幅広くサポート。関東一円をきめ細かくフォローしている。

CHEF'S COMMENT

製菓材料全般で長年お世話になっている問屋さんです。地域の食材の情報なども色々と教えていただいてます。サポート体制も充実していて、製パン・製菓の講習会なども開催されています。現場に寄り添ってくれる、良きビジネスパートナーです。

関東商事㈱／ https://www.kantos.co.jp/

冷蔵ショーケース

㈱保坂製作所

店の顔となる
ショーケース

1948年創業の業務用冷蔵ショーケースの製造販売会社。洋菓子・チョコレート・和菓子・惣菜など、様々なタイプの専用冷蔵ショーケースを製造販売。商品を美しく見せ、衛生的な状態で保存するという基本的な機能に優れている上、店の雰囲気を左右するインテリアとしての役割も果たす同社のショーケースは、全国の洋菓子専門店からも高く支持されている。各店に合わせたフルオーダーメイドにも対応。

CHEF'S COMMENT

ショーケースは一番の店の顔になる部分。いまの店舗を作るにあたり、特別にオーダーケースを製作していただきました。当店は縦長の店舗ですが、そこに合わせたショーケースの形状、サイズ感、高さ、配置など、細かく相談に乗って頂きました。見た目の美しさに加え、気温差の激しい夏場でもガラス面が結露しにくく、中のお菓子が乾きにくいなど、クオリティーも非常に優れています。

㈱保坂製作所／ https://www.co-hosaka.co.jp/

メトロニクス・テクノロジー社「WATER CUT」

高圧の水で自由にカット

−20℃の冷凍ケーキをカットするために開発されたウォーターカッター。3000barの圧力で圧縮した水で任意に設定した形にカット。人の手では切れない細かな形もカットでき、さらに外部からのスキャンデータを取り込みカットすることもできる。

シービーエム㈱／ https://cbm-co.jp/

CHEF'S COMMENT

人手不足を解消するために導入しました。コンパクトで狭い厨房にも設置できるというのも決め手でした。切るという作業は、お菓子屋の作業の中でも高クオリティが必要とされる技術職。様々な商品をカットしています。冷凍した製品を水でカットするので、衛生的にもよいし、熱で切る機器とは違って溶けたり劣化したりもしない。見た目もきれいに仕上がります。

ラム

ネグリタラム 44°

世界中で愛されている香り高いラム

マルティニーク島ほか西インド諸島で蒸留されたラム原酒を、フランス・ボルドーでブレンドした、アロマティックなミディアムラム。香り高く独特の風味があり、"ラムの貴婦人"と呼ばれる逸品。1905年、日本に最初に輸入されたラムという歴史を持つ。

[原産国]フランス　[アルコール度数]44%　[内容量]1ℓ、5ℓ、10ℓ、20ℓ

CHEF'S COMMENT

カヌレの風味付けに使っています。しっかり焼き込みキャラメリゼされた苦味のある生地と、卵と牛乳の旨みの優しさを、ラムの香りがすべてをまとめてくれます。ネグリタラムは伸びも良く、残香が非常に高いので、焼き菓子にも相性抜群です。

ドーバー洋酒貿易㈱／ https://www.dover.co.jp/

製菓用型製品

千代田金属工業㈱

型製造のプロフェッショナル

長年製菓・製パン用の型の製造に取り組んできた、プロからの信頼も厚い老舗メーカー。伝統とトレンドを意識した独自の型の製造・販売に加え、お客のニーズに合わせたオーダーメイドの型の開発も請け負う。

CHEF'S COMMENT

製菓用の型は全てこちらの製品を使用してます。オーダーメイドも対応していただいています。高木チーズの型や、パウンド型、天板など、細かな形状のリクエストにもできる限り対応していただいております。唯一無二の商品を作るためには、金型はとても大切な材料だと思います。

千代田金属工業㈱／ https://cki.co.jp/

レ ヴェルジェ ボワロン

冷凍フルーツのスペシャリスト

フランス・ローヌ地方の自社工場で商品を製造している冷凍フルーツメーカー。ピューレやホール、クーリなどを取り揃え、一流パティシエたちからの信頼も厚い。

CHEF'S COMMENT

冷凍ピューレは濃厚で味の出方がよいことから、特にピューレのカシスは必ずボワロンと決めています。自家製ナパージュにも同社のレモンピューレを使っています。ボワロンはおいしさ風味が抜群で、季節によっていろいろな種類を使用しています。

日仏商事㈱／ https://www.nichifutsu.co.jp/

シルパット・シルパン

作業効率＆品質アップに貢献

シリコンとグラスファイバーで作られたベーキングシート。温度帯は－40〜240℃まで使用可能で、洗浄し繰り返し使うことができる。新しくホテルパン1/1サイズも登場した。

CHEF'S COMMENT

シルパットは型離れがよいので、ムース系や生菓子、一部焼き菓子などくっつきやすい生地の時に。シルパンは空気穴があり空気が抜けるので、底面を真っ平に仕上げたいクッキーやパイなどの焼き菓子用に使い分けています。耐久性が高いメゾンドゥマール社製のものを使い続けています。

日仏商事㈱／ https://www.nichifutsu.co.jp/

㈱和気

オリジナルパッケージにも対応

製菓・製パン業界を中心に幅広くパッケージを提供している、1953年創業の老舗パッケージメーカー。自社にデザイナーを抱え、自社のオリジナル商品から顧客の要望に応じたオーダーメイド品まで幅広く対応。

ORIGINAL PACKAGE

CHEF'S COMMENT

オリジナルパッケージの制作を依頼してます。商品に対する想いを最大限に生かしお客様目線での見た目の工夫など、プロの視点からじっくりと提案していただけるので、より良い製品に仕上がります。

㈱和気／ http://e-wake.co.jp/

フレッシュヘビイクリア
大雪原４２／ＦＨ３６

口当たりよく生地を引き立てる

CHEF'S COMMENT

全般に脂肪球が非常に細かく、均一性の高いクリームができます。店では脂肪分や性質の異なる3種類をブレンドし、ショートケーキなど主要商品に使っています。保形力が高くちょっとライトな感じで口溶けがよい、生地を引き立ててくれるクリームです。

森永乳業㈱／ https://www.morinagamilk.co.jp/

おわりに

出会いというチャンスに感謝

人との出会い、食材との出会い、機械や器具などとの出会い、
さまざまな場面で出会いはいつでも訪れてくれるけど、
その出会いをチャンスに変えるのは自分の決断力。
アンテナを張っていろんなことに興味を持っても、
何から始めて良いか分からなくなる。
でも、新しいことを始めるにしても、真似ることからすべては始まるって、
少し楽に考えたらって私はいつも思っています。

25年ほど前、渾身のスフレチーズにどんな名前をつけようか悩んでいた時、
ケーキハウス ツマガリの津曲社長から、
「自信があるお菓子なら自分の名前付けたらいいやないか」と、
心の奥の奥まで突き刺さる言葉をいただき、「責任を持ってお作りする事」、
「想いを込めてお作りする事」を、より深く考えるきっかけとなりました。

いろんなお菓子があるから、美味しいって自分が感じたら、
それを自分のお店でもまずは真似してみる。
そして自分なりの感性（エッセンス）を加えて自分の商品に育てていく。
そのために毎日厨房でお菓子と向き合う。
パティシエという仕事を選んだ。
当たり前の事をすれば良い。作業になったらお菓子が可哀想。
そうすると自分もお菓子も成長する。
お菓子を作らせてもらえる幸せをありがとうございます。

チャンスという原石を探して、磨いて、輝かせて、
この先も私は私の考える菓子作りを楽しみながら追求して、
たくさんの方へお届けします。
私とスチコンの出会いをくれたbenbeyaの土井さん、
同世代の切磋琢磨できる仲間がいるからますます楽しい。

みんな、ありがとう。

洋菓子の新焼成法
～スチコンが引き立てる、パティシエの感性～

発行日　2025年2月12日　初版発行

著　　者　髙木 康裕（たかぎ やすひろ）
発 行 者　早嶋 茂
制作代表　井上久尚
発 行 所　株式会社 旭屋出版
　　　　　〒160-0005
　　　　　東京都新宿区愛住町23-2　ベルックス新宿ビルⅡ6階
　　　　　郵便振替　00150-1-19572

　　　　　販売部 TEL 03-5369-6423
　　　　　　　　 FAX 03-5369-6431
　　　　　編集部 TEL 03-5369-6424
　　　　　　　　 FAX 03-5369-6430
　　　　　広告部 TEL 03-5369-6422

　　　　　旭屋出版ホームページ　https://asahiya-jp.com

●デザイン　冨川 幸雄（studio Freeway）
　　　　　　佐藤 暢美（ツー・ファイブ）※P192～197
●撮影　　　後藤弘行（旭屋出版）
　　　　※右記外観写真は著者提供（撮影：石原秀樹／監修：㈱エレメントシステム）
●取材・文　大畑加代子
●編集　　　齋藤明子
●編集協力　森 正吾、吉澤雅弘、長谷川麻樹、中江りの

印刷・製本　株式会社シナノ パブリッシングプレス

著者紹介

髙木康裕　Yasuhiro Takagi
菓子工房アントレ　オーナー

1973年、千葉県船橋市生まれ。エコールキュリネール国立・辻製菓専門カレッジを卒業。フランスや都内の洋菓子店で修業の後、1997年に父から『菓子工房アントレ』を引き継ぎ、以来現場主義を貫く。素材の持ち味を活かす菓子作りを信条とし、味や品質を高めるための道具選びにもこだわる。先代の味を大切にしながら、製法や焼き方に工夫を加え、独自の進化を重ねてきた。地域に根差した活動をはじめ、大手メーカーとのタイアップや講習会の講師などにも積極的に取り組む。

お店紹介

1971年開業の地元に根付いた老舗洋菓子店。素材重視のシンプルかつ誠実な味作りで、地元住民に長らく愛されてきた。船橋産の食材を使った「髙木シリーズ」をはじめとする人気定番商品から、旬のフルーツを使った季節の名物商品まで、豊かな品揃えでお客を日々喜ばせている。

『菓子工房アントレ（ENTRÉE）』本店
住所／千葉県船橋市海神6-8-2
電話番号／047-434-8353
営業時間／10:00～18:00
定休日／火・水曜

『菓子工房アントレ（ENTRÉE）』シャポー船橋店
住所／千葉県船橋市本町7-1-1 シャポー船橋南館1階
電話番号／047-481-8739
営業時間／10:00～21:00（日祭日は20:30まで）
定休日／シャポー船橋の営業日に準じる